자존감을 키우는 태권도 코칭언어

저자 **정문자 최중구 김병준 김윤희 이종천** | **최명선** 자문

자존감을 키우는
태권도 코칭언어

저자 | 정문자 최중구 김병준 김윤희 이종천
자문 | 최명선

초판 발행 | 2015년 8월 28일

발 행 인 | 문상필
표지디자인 | 이태진
북디자인 | 이한솔
삽   화 | 김중균
펴 낸 곳 | 주식회사 애니빅
주   소 | 서울시 영등포구 경인로 82길 3-4
             (문래동 1가 센터플러스 1116호)
대표전화 | 02-2164-3840 **팩스** | 02-6209-7749
홈페이지 | www.sangavill.com
이 메 일 | 0221643840@hanmail.net
출판등록 | 제318-31800002510020080000010호

가격 17,000원
ISBN 978-89-97617-96-8 13690

Anibig 애니빅

ⓒ 저작권은 작가에게 있습니다. 작가와 합의해 인지는 생략합니다.
* 잘못 만들어진 책은 구입하신 서점에서 교환해 드립니다.

서문

코칭언어와 행동은 수련 참여자의 팀동료, 코치, 자신의 수련 종목에 대해 갖는 태도에 영향을 미친다. 대부분의 훌륭한 태권도 지도자들은 긍정적인 코칭언어를 사용하여 지도하고 있다. 하지만 태권도 수련 상황을 살펴보면 긍정적인 코칭언어보다는 수련생들의 감정, 정서, 인성 등이 무시되는 코칭언어도 자주 목격된다. 적절하지 못한 이러한 코칭언어 사용은 수련생의 잘못된 행동을 억제하기보다는 수련생들의 태권도 참여 의지를 떨어뜨리고 인성과 정서 발달에 부정적으로 작용한다.

적절하고 긍정적인 코칭언어를 사용한 지도자에게 교육을 받은 수련생들은 동료에 대한 호감, 태권도에 대한 흥미, 태권도 지도자 선호도, 팀 응집력 등이 높다. 특히 수련생의 나이가 어릴수록 긍정적이면서 격려 위주의 코칭언어 사용이 권장된다.

코칭언어는 수련생의 즉시적 행동변화를 목적으로 하지만, 지속적으로는 정서, 심리, 인성에까지 영향을 주게 된다. 지도자는 수련생의 행동, 정서, 인성을 바람직한 방향으로 변화시킬 수 있도록 교육적으로 효과가 입증된 코칭언어 사용습관을 길러야 한다.

이 책은 태권도 지도자가 일상적으로 접하는 지도 장면에서 수련생의 감정과 동기에 긍정적 영향을 줄 수 있는 바람직한 코칭언어를 소개하였다. 이를 위해 태권도 지도자가 수련생을 지도하는데 필요한 실제적인 코칭언어와 행동을 상황별로 구체적으로 제시해 두었다. 상황은 태권도 지도자들이 태권도 수련 및 비수련 상황에서 지도에 어려움을 느끼는 것을 선정하였다.

이외에도 태권도 지도자들이 어려워하는 학부모 관련 내용도 추가시켰다. 수련 상황에서 자주 사용되고 있는 비권장 코칭언어를 함께 제시하여 지도자 스스로 자신의 코칭언어를 반성해 보고 바람직한 코칭언어를 훈련할 수 있도록 하였다.

본서에 제시된 도장 규칙 사례는 대한태권도협회 공모에 선정된 실제 6개 도장 규칙을 25개 상황 범주에 적합하게 재분류한 것이다. 제시된 도장 규칙 사례는 이미 선정 도장에서 사용 중인 규칙이므로 다른 도장에서도 바로 적용할 것으로 생각된다.

끝으로 이 책이 세상의 빛을 볼 수 있도록 도움을 주신 문상필 애니빅 사장님과 이 작업이 원활하게 진행될 수 있도록 궂은 일도 서슴지 않고 함께 해준 인하대학교 대학원 박사과정 천성민선생님과 석사과정 권혁주선생님, 한체대 조교 김종수선생님의 노고에 감사의 마음을 전한다.

수련생의 감정을 배려하는 아름다운 코칭언어로 가득 찬 태권도장, 그 속에서 자존감이 쑥쑥 자라는 수련생을 기대해 본다.

2015년 8월
저자 일동

자존감을 키우는
태권도 코칭언어

Proper Taekwondo Coaching Phrases

서문 · 3
코칭언어개발 · 8
태권도장 수련 규칙 · 14

1부 권장 코칭언어

01. 수련시작 전 · 15
1. 복장지도 · 17
2. 인사지도 · 22
3. 수련대기 · 27

02. 수련준비 · 33
4. 바른 명상태도 · 34
5. 수련준비 부족 · 39
6. 수련 설명 시 주의집중 부족 · 46

03. 준비운동 · 51
7. 준비운동을 건성으로 하거나 장난칠 때 · 52

04. 주수련 · 57
8. 적극적으로 참여하지 못할 때 · 58
9. 실수를 할 때 · 63
10. 수련 중 의견 다툼 · 68
11. 반복수련 소홀 · 74
12. 돌발행동 · 79
13. 실패에 대한 두려움 · 84
14. 칭찬과 격려 · 89
15. 경쟁의 바람직한 활용 · 93
16. 성취도가 떨어지는 수련생 · 99
17. 놀림이나 비난을 하는 상황 · 105
18. 난처한 질문, 의미 없는 독백 · 111
19. 산만한 수련생 지도법 · 114
20. 응급상황 대처 · 120

05. 보조수련 · 127
21. 체력이 부족해서 힘들어하는 수련생 · 128
22. 분위기를 UP시키는 좋은 방법 · 131

06. 수련 마무리 · 135
    23. 수련을 마무리할 때 · 136

07. 기타 · 141
    24. 부모상담 · 142
    25. 차량운행 · 150

2부 코칭언어 관련 이론

01. 수련생 리더십 · 157
    1. 성취목표 성향 · 158
    2. 자기효능감 · 158
    3. 자결성 · 159
    4. 내적동기 · 160
    5. 자기 존중감 · 161

02. 지도자 리더십 · 163
    6. 팀 빌딩과 응집력 · 164
    7. 행동조성(쉐이핑) 기법 · 165
    8. 피드백 · 166
    9. CET 모델 · 167
    10. TARGET(동기유발 전략) · 168
    11. 강화와 처벌 · 171

03. 수련생과 지도자의 의사소통 · 173
    12. 나 전달법 I-Message · 174
    13. 감정코칭 · 176

부록. 수련생 도장 생활규칙 · 179
참고문헌 및 협력도장소개 · 186
저자약력 · 187

코칭언어개발

　　지도자의 언어와 행동 습관은 다양한 코칭 연수와 교육을 통해 바람직한 방향으로 변화시킬 수 있는 것으로 알려져 있다. 코칭 연수와 교육을 받은 수련생은 그렇지 않은 지도자로부터 배운 수련생에 비해 자아존중감 등 심리 정서적으로 긍정적 변화가 더 뚜렷하게 나타났다.

　　태권도 코칭언어를 개발하기 앞에서 태권도 지도자와 수련생 대상 면담과 설문 조사를 실시하여 상황을 선정하였다. 태권도 상황 범주는 태권도 수련 또는 비수련상황에서 태권도 지도자들이 어려움을 경험하는 상황을 조사하여 최종 25개를 선정하였다. 상황범주 25개는 대한태권도협회 수련 Time table을 참고하여 실제 태권도 도장에서 실시하고 있는 시간 흐름에 맞게 7개 대범주(수련 시작 전 상황, 수련 준비 상황, 준비운동 상황, 주 운동 상황, 보조운동 상황, 수련 마무리 상황, 기타상황)으로 재분류하였다.

　　상황별 코칭언어는 '권장 코칭언어'와 '비권장 코칭언어'를 나뉘어 제시하였다. 권장 코칭언어는 교육, 심리에서 이미 검증되어 사용되고 있는 여러 이론에 기반을 두고 교육적인 우수성을 인정받고 있는 도장들의 우수 사례를 발굴하였다. 반면 비권장 코칭언어는 태권도장에서 지도자들이 습관적, 무의식적으로 사용하고 있으며 수련생의 심리와 행동에 부정적 영향을 미치는 언어들이다. 코칭언어를 개발할 때에는 수련생 행동 조절과 촉진을 위해 코칭언어 개발 원칙 6개를 선정하였다(표 1).

표 1. 태권도 권장 코칭언어 개발 원칙과 이론 근거

원칙	코칭 주안점	이론 근거
규칙세우기 (조절)	- 행동범위와 규정을 명확히 한다(조절). - 수련 및 비수련 관련 규칙 세우고 사전에 충분히 연습한다. - 강화, 처벌에서 일관성을 지킨다. - 코칭 행동에 대한 이유가 분명하다. - 위기를 모면하기 위해 일관성을 저버리지 않는다. - 수련생의 자존심을 지켜주고 믿음을 일관성 있게 보여준다.	행동수정기법 코칭행동 리더십이론
자존감을 높이는 대화하기 (촉진)	- 강점발견, 긍정적으로 말한다. - 처벌과 비난은 수련 재미를 떨어뜨리고, 자기 존중감을 해친다. - 격려와 칭찬을 자주 하고, 기술 지도는 이해하기 쉽게 한다. - 긍정적으로 지도한다. - 도전, 성취, 학습이라는 수련 내적 요인에서 재미를 느끼게 지도한다.	코칭행동 자기 효능감 자기실현적 예언 피드백 제공원칙 참가동기
격려적 대화(촉진)	- 과정, 노력, 향상을 칭찬하며 행동을 읽어주는 대화를 한다. - 남보다 잘하는 것(예, 1등, 우승)보다는 자기 스스로 잘하는 것(예, 향상, 노력)을 강조한다. - 경쟁에서 이기는 것보다 참가, 향상, 도전의 가치를 중시한다. - 수련 분위기는 수련생이 주도하면 효과가 높으므로 협력의 기회를 만든다. - 수련생끼리 서로 조언하고 협력해서 문제를 해결하도록 한다.	성취목표성향 내적동기이론 응집력 팀 빌딩 동기분위기 CET* TARGET**
책임감 돌려주기 (조절)	- 의사결정에 참여시킨다. - 수련생의 주도적인 선택과 책임을 준다. - 수련생의 내적동기를 강화한다. - 수련과 관련된 문제에 대해 수련생의 의견을 물어 결정을 내린다. - 스스로 결정을 내리면 재미를 더 느끼고 더 노력한다. - 규칙을 만들 때 참여시킨다.	자기결정이론 내적동기 CET* TARGET**
자기 주장적 대화(조절)	- 나 전달법을 사용한다. - 너 전달법은 비난으로 여겨지고 반항심을 불러일으킨다. - 나 전달법은 배려의 느낌이 들게 해주고 자발적인 변화를 끌어낸다. - 관계 형성과 자기 존중감에도 나 전달법이 유리하다.	의사소통 감정코칭 자기존중감
감정코칭 (촉진)	- 말투, 억양, 태도로 공감한다. - 감정을 읽어준다. - 부정적인 감정도 자연스러운 감정으로 받아들이도록 한다. 과제 수련 그 자체에서 재미를 느끼게 재미있게 지도한다.	의사소통 감정코칭 내적동기 이론

* CET는 미국의 스포츠심리학자 Smith와 Smoll이 개발한 코치 교육 프로그램인 Coach Effective Training을 말함.
** TARGET은 동기유발에 효과적인 요소 6가지의 첫 글자를 따서 Ames가 만든 프로그램을 의미함.

1. 규칙 세우기

태권도 수련 시 수련생의 돌발 행동이나 안전상의 문제가 발생하면 그 문제를 해결하는데 많은 시간과 노력이 필요하다. 지도자는 문제가 발생하지 않도록 사전에 예방하는 것이 중요하다. 사전에 예방하는 가장 대표적인 방법의 하나는 규칙을 세우는 것이다. 규칙은 태권도 수련과 수련 이외의 행동으로 나누어 개발한다. 규칙은 올바른 행동에 대한 규정과 행동 가능 범위를 포함한다. 도장 규칙은 수련생들의 눈에 잘 띄는 곳에 게시하며 수련생들이 규칙의 의도와 내용을 잘 알 수 있도록 교육을 철저히 한다. 규칙을 적용할 때에는 강화, 처벌에서 일관성을 지킨다. 지도자의 감정 상태나 상황 또는 위기를 모면하기 위해 일관성을 저버리지 않는다.

2. 자존감을 높이는 대화하기

수련생들의 감정과 정서를 고려하여 긍정적인 언어를 사용한다. 비난, 명령, 무시, 회피 등의 부정적인 언어는 수련 재미를 떨어뜨리며 수련생들의 자아존중감, 자신감 등을 저하시키는 역할을 한다. 반면 격려와 칭찬 중심의 긍정적 언어는 수련생들의 자존감을 높이고 어려운 상황에 처했을 때 스스로 문제를 해결할 수 있는 내면의 힘을 길러준다. 또한, 동료 수련생과의 긍정적인 언어는 서로 간의 협력을 증대시키고 유대감을 높이는 역할을 한다. 수련 분위기는 수련생이 주도하면 효과가 높으므로 협력의 기회를 만든다. 수련생끼리 서로 조언하고 협력해서 문제를 해결하도록 한다. 지도자는 수련생의 자존심을 지켜주고 믿음을 일관성 있게 보여준다.

3. 격려적 대화

경쟁적인 태권도 특성상 지도자는 태권도 수련 시 경쟁성을 강조한다. 지도자는 수련생의 기술 향상이나 노력보다는 더 빨리, 먼저, 누가 더 잘하나 경쟁을 조장한다.

지도자는 수련생의 노력이나 동작 습득 과정을 칭찬하기보다는 결과를 중시하는 언어를 자주 사용한다. 지도자의 경쟁적이고 결과 중심적인 코칭언어 사용으로 인해 수련생들은 태권도 수련시 많은 좌절과 실패를 경험하며 결국에는 태권도 수련을 포기하는 상황이 발생한다. 지도자는 남보다 잘하는 것(예, 1등, 우승)보다는 자기 스스로 잘하는 것(예, 향상, 노력), 경쟁에서 이기는 것보다 참가, 향상을 강조한다. 과제 수련 그 자체에서 재미를 느끼게 한다. 도전, 성취, 학습이라는 수련 내적 요인에서 재미를 느끼게 지도한다.

4. 책임감 돌려주기-수련생의 주도적인 선택과 책임, 내적동기강화(조절)

제한된 시간에 많은 내용을 지도하는 태권도 수련 상황에서 태권도 지도자는 지도 효율성을 위해 수업 내용, 규칙 등 다양한 내용에 관해 결정한다. 지도자가 모든 것을 결정하고 수련생들이 수동적으로 따르게 하며, 수련 기술의 습득이 늦을 뿐 아니라 활동에 대한 수련생들의 재미와 참여가 낮아진다. 의사결정 과정에 수련생을 참여시켜 책임과 의무를 함께 준다. 수련과 관련된 문제에 대해 수련생의 의견을 물어 결정을 내린다. 수련생 스스로 결정을 내리면 재미를 더 느끼고 더 노력한다. 규칙을 만들 때 참여시킨다.

5. 자기주장적 대화 - 나 전달법(조절)

너 전달법은 듣는 사람의 중심이 되어 비난으로 여겨지고 반항심을 불러일으킨다. 반면, 말하는 사람의 관점에서 이야기하는 나 전달법은 배려의 느낌이 들게 해주고 자발적인 변화를 끌어낸다. 관계 형성과 자기 존중감에도 나 전달법이 유리하다.

6. 감정코칭 - 말투, 억양, 태도로 공감하며 감정읽어주기(촉진)

수련생들의 감정을 인정하고 자신의 감정을 표현하는 언어를 사용한다. 감정코칭형 지도자는 수련생의 말투, 억양, 태도를 함께 공감하면서 그들의 감정을 읽어준다. 지도자들은 수련생들의 소소한 감정들을 잘 알아차리며, 감정이 격해지지 않아도 쉽게 알아차린다. 수련생의 부정적인 감정도 정상적인 감정의 한 부분으로 인정한다. 지도자는 수련생 스스로 자신의 감정을 알고 그대로 받아들일 수 있도록 지도한다. 반면 감정무시형 지도자는 문제가 발생했을 때 수련생의 감정을 무시, 방임하거나 비난하는 것으로 주로 비권장 코칭언어의 사례가 여기에 해당된다.

1부

권장 코칭언어

태권도장 수련 규칙

태권도장에서 수련생들을 효과적으로 지도하기 위해서는 일관성과 안정성을 유지하는 것이 매우 중요하다. 그러나 대부분의 지도자들은 자신의 감정과 상황에 따른 즉흥적 대처와 자신의 제한된 경험적 지식을 토대로 지도하는 경향이 있다. 〈**자존감을 키우는 태권도 코칭언어**〉는 태권도장에 일관성과 안정성을 유지하기 위한 도장 행동규칙을 바탕으로 만들어졌다. 아래에 제시된 규칙은 〈**자존감을 키우는 태권도 코칭언어**〉 도장 행동규칙이다.

- 수련생은 항상 수련 규칙을 기억하고, 잘 지키도록 노력합시다.

- 도장에 출입할 때는 복장을 단정히 하고, 자기수련의 장으로서 존중의 태도를 갖습니다.

- 수련 시 수련생은 도복과 띠를 단정히 착용하는 것을 원칙으로 합니다.

- 지도자나 수련동료와 만났을 때는 존중하는 태도로 반갑게 인사합니다.

- 수련할 때는 지도자의 말에 집중하며, 잘 따라야 합니다.

- 수련 중 동료에게 항상 예의를 다하며, 존중합니다.

- 수련은 적극적이고 성실한 태도로 임해야 합니다.

- 수련할 때는 노력과 향상에 초점을 두고 도전의 가치를 중요하게 생각합니다.

- 수련도구는 성실하게 준비하고, 수련이 끝난 후 제자리에 가지런히 정돈합니다.

- 수련생을 자신을 잘 보호해야 하나, 배운 기술을 함부로 사용하지 않습니다.

01

수련시작 전

1. 복장지도
2. 인사지도
3. 수련대기

자존감을 키우는
태권도 코칭언어

Proper Taekwondo Coaching Phrases

복장지도

원칙1. 복장지도를 통해 동기, 참여, 자율성을 높일 수 있도록 한다.
원칙2. 도복착용은 처벌과 강요 때문이 아니라 스스로 결정하는 것임을 강조한다.

상황: 1) 혼자서 도복을 챙기지 못해서 못 입었을 때
　　　2) 밖에서 놀다가 도복을 입고 오지 않았을 때

◆ 코칭관점 ◆

- 도복 착용은 운동복 이외에 자기수련을 위한 준비 절차의 의미가 있다. 도복 착용이 태권도 수련의 중요 규칙임을 교육한다.
- 도복을 입고 수련하는 것이 수련집단에 대한 소속감을 높이며, 짧은 시간 안에 수련에 몰입시켜 수련 효과가 높아진다는 점을 학부모에게 설명한다.
- 도복을 챙겨오지 않은 수련생에 대하여 사정을 들어보지 않고 훈계나 처벌을 하는 것은 바람직하지 않다. 사정을 들어본 후에 수련생이 이해할 수 있도록 스스로 결정할 수 있게끔 지도해 주는 것이 필요하다. 즉, 자결성 이론에 따라 자신의 잘못에 대해 스스로 인지하고 반성할 수 있도록 해 주는 것이 중요하다.

상황 1. 혼자서 도복을 챙기지 못해서 못 입었을 때

권장 코칭언어

(도복을 입지 않은 수련생이 수련장에 입장한다.)
사범님 : ○○이는 도복을 입지 않았네요?
수련생1 : ….
사범님 : 도복을 무슨 이유로 못 입었을까요?
수련생 : 엄마가 도복을 어디에다 두셨는지 모르겠어요.
사범님 : 그래 ○○이가 도복을 못 찾았군요! ○○이는 도장에 올 때 도복을 입고 와야 한다는 것을 <u>잘 알고 있었는데도 못 찾아서 못 입었단 뜻인 거죠?</u>
수련생1 : 네.
사범님 : 그래, 그럼 다음에 엄마가 안 계실 때 도복을 입고 오려면 <u>어떻게 하면 좋을까요?</u>
수련생 : 엄마가 계실 때 미리 챙겨두겠습니다.
사범님 : 그래요, 그것도 좋은 생각이네요!
수련생 : 네.
사범님 : 도복을 못 입었는데도 <u>수련에 참여하는 것이 중요하다고</u> 생각해서 왔군요? 사범님은 좋은 판단을 하고 <u>용기 있게 행동했다고 생각해요.</u>
수련생 : (안심되는 듯한 표정)
사범님 : (전체 수련생에게) 사범님은 이 판단과 용기에 대해 칭찬해 주고 싶네요. 여러분들 모두 박수 쳐주고 수련을 진행하도록 해요.
수련생 : (전체 박수 짝짝짝)

◆ Coaching Tip ◆

- 도장에 올 때 도복을 입는 것을 기본 규칙으로 정하고, 수련생들이 도복을 입고 수련에 참여하도록 일관된 태도로 교육한다.
- 귀가하면 도복 정리하기 등 수련생 스스로 도복을 관리할 수 있도록 교육한다.
- 도복을 입지 않았지만, 용기 내어 도장에 온 수련생의 생각과 행동을 모두 격려해준다. 이를 통해 수련생의 행동과 사고능력을 통합적으로 키워지게 된다.
- 도복 입고 오기를 강압적으로 강요하면 가끔 도복이 없다고 결석하는 수련생이 있다. 사범은 수련생들의 특성을 파악하여 어린 수련생이나 성격이 소심한 수련생에게 도복 없이 수련이 참여해도 괜찮다는 것을 알려준다.

상황 1. 혼자서 도복을 챙기지 못해서 못 입었을 때

비권장 코칭언어

(도복을 입지 않은 수련생이 수련장에 입장한다.)

사범님 : (화를 내며) 너 **왜 도복 안 입고 왔어!** (비난하기)

사범님 : 너 도복 안 입었네, **집에 가서 입고 와!** (일방적 명령하기)

사범님 : 너는 또 도복을 안 입고 왔네. 너는 도복을 입는 날보다 **안 입은 날이 많은 것 같다.** (낙인찍기)

사범님 : 도복을 입고 오지 않은 수련생에게 관심을 갖지않는다. (무반응)

◆ Coaching Tip ◆

- 도복 입고 오기 규칙을 지키지 못했을 때 화를 내기 보다는 규칙을 분명히 명시하고 수련생 스스로 규칙을 지키도록 지도한다. 도복을 입지 않는 수련생에 대해 무반응을 보일 경우 도복착용에 대한 규칙이 흐려져 주변 수련생에게 도복을 입고 오지 않아도 된다는 인식을 심어줄 수 있다.
- 수련생이 통제 할 수 없는 상황에 대해 수련생을 처벌하면 부모와의 관계가 나빠지거나 사범님에 대한 신뢰형성에 악영향을 미칠 수 있다.

상황 2. 밖에서 놀다가 도복을 입고 오지 않았을 때

권장 코칭언어

(도복을 입지 않은 수련생이 수련장에 입장한다.)

사범님 : OO이는 도복을 입고 오지 않았네요?

수련생1 : ….

사범님 : 도복을 무슨 이유로 못 입었을까요?

수련생 : 친구들하고 놀다가 태권도 시간에 늦을까봐서 그냥 왔어요.

사범님 : 그랬군요, 친구들하고 **놀다보니 도복을 못 입었군요.** 시간을 지키려고 서둘러 온 것은 좋은 생각이었는데, 도복을 안 입고 온 것은 잘못인 것 같네요?

수련생 : 죄송해요.

사범님 : **그러면 어떻게 할까요? 도장의 규칙을 어겼는데요…**

수련생 : 도장의 규칙대로 할게요. 다음에는 꼭 입고 오겠습니다.

사범님 : 그럼 도장 뒤편으로 가서 5분간 서 있도록 해요.(time out 실시)

◆ Coaching Tip ◆

- 잘한 일과 잘못한 일을 적절하게 구분하여, 잘한 일에는 충분한 칭찬을 해 주고, 잘못한 일에는 수련생 스스로 책임지도록 한다.
- 체벌 할 경우 혼을 내는 것이 아니라 수련생이 자신의 행동에 대해 스스로 책임을 지는 것이라는 인식을 갖게 한다. 이때 사범님은 화가 난 것처럼 행동해서는 안 된다.
- 규칙을 어겼을 시 신체활동을 처벌의 수단으로 사용하는 것은 바람직하지 않다(예, 팔굽혀펴기, 엎드려뻗쳐, 팔 벌려 뛰기 등). 처벌 시 일정 시간 수련에 참여하지 못하게 하는 타임아웃(time out)제도를 사용하는 것이 좋다.

상황 2. 밖에서 놀다가 도복을 입고 오지 않았을 때

비권장 코칭언어

(도복을 입지 않은 수련생이 수련장에 입장한다.)

수련생 : 친구들하고 놀다가 태권도 시간에 늦을까봐서 그냥 왔어요.

사범님 : 도복을 입고 와야지, 도복 안 입었으니 **벌 받아야겠네.** (벌주기)

사범님 : **가서 입고 와.** (입고 늦게 오면 지각에 대한 벌을 준다.) (벌주기)

사범님 : 너는 도복을 입고 오지 않았으니까 무조건 **결석이야.** (과정 무시하기)

◆ Coaching Tip ◆

– 도복 미착용을 심사나 승단과 결부시켜서 처벌을 확장하지 않는다.

도장 규칙 사례

- 복장 미 착용시 사범님께 양해를 구하고 맨 뒷줄에서 수련에 참여합니다.

(전북 익산 송암태권도)

- 태극기를 등지고 옷매무새와 띠를 정리한 후 완료되면 태극기를 바라보고 국기에 대한 경례에 대한 준비를 위해 차렷 자세를 유지하며 기다립니다.

(경남 창원 우림태권도장)

- 집에서 입고 올 때에는 정숙한 마음으로 도복과 띠를 단정하게 입고 옵니다.
- 도장에서 입을 때에는 탈의실에서 정숙한 마음으로 빠르게 도복과 띠를 갖추고 나옵니다.
- 갈아입은 옷을 잘 개어 개인 사물함에 흐트러지지 않도록 넣어 둡니다.
- 도복 입은 후 마음가짐 : 띠를 풀고 다니거나, 친구와 다투거나 욕설을 하지 않습니다. 특히, 도복을 입었을 때는 무도인으로써 예의 바른 행동을 하도록 합니다.
- 수련 중 복장이 흐트러지면 국기를 등지고 단정히 합니다.
- 띠를 잘 묶지 못하는 후배들은 잘 도와줍니다.

(부산 사하구 강동체육관)

자결성 self-determination

자결성이란 외부 압력이나 강요, 보상 때문에 행동을 하는 것이 아니라 자신이 스스로 결정하는 정도이다. 자결성과 함께 유능감, 대인관계 욕구는 인간의 가장 기본적인 욕구 중의 하나이다. 자결성은 내적동기를 높여주는 데 중요한 역할을 한다. 수련생의 자결성을 높여주기 위해 수련의 방해가 되지 않는 범위 내에서 수련생 스스로 선택할 기회를 제공한다.

2 | 인사지도

원칙1: 인사 규칙을 사전에 마련하고 교육시킨다.
원칙2: 인사하기에 소극적인 수련생의 감정 상태를 존중하고 일정 기간 반복지도를 통해 익숙하게 만든다.

상황: 1) 인사를 부끄러워하거나 모르는 척 할 때
2) 인사하는 태도나 말투가 예의 바르지 않을 때

◆ 코칭관점 ◆

- 인사는 상대방에게 호감이나 존중을 표현하는 자기표현의 방식으로 형식보다는 마음이 중요하다.
- 인사 관련 도장 규칙을 만들어 인사 교육을 실시한다.
- 인사 태도나 행동에 문제가 있는 수련생의 감정 상태를 먼저 인지하고 올바른 인사 자세를 사범님이 먼저 시범을 보여 따라 하도록 유도한다. 이때, 자세한 설명과 함께 점진적으로 고쳐나간다.
- 인사 태도나 행동 교육이 잘 이루어지지 않을 때도 비난하기보다는 잘하고 싶은 마음을 갖고 있으나 훈련이 제대로 이루어지지 않아 서툴다는 것을 전제로 지도한다.

상황 1. 인사를 부끄러워하거나 모르는 척 할 때

권장 코칭언어

인사를 부끄러워하거나 모르는 척할 때

(신입 수련생이 도장에 들어오며 사범님이 앞에서 미적거리며 인사를 안 한다.)

사범님 : 어서 와요~

(먼저 인사를 반갑게 건네고 잠시 기다려 준다. 적당한 시간이 흘러도 신입 수련생이 계속 인사를 못 하고 있다면 <u>**인사규칙대로 사범님이 먼저 해준다.**</u>

사범님 : 우리 인사는 '사범님 안녕하십니까!' 라고 하는 거죠?

수련생 : (작은 목소리로) '사범님 안녕하십니까!'

사범님 : 그래요! 어서 와요~ <u>**○○이가 인사를 하니까 사범님이 오늘 기분이 좋네요. 다음에는 더 큰 목소리로 해봐요.**</u>

◆ Coaching Tip ◆

- 도장에 올 때 도복을 입는 것을 기본 규칙으로 정하고, 수련생들이 도복을 입고 수련에 참여하도록 일관된 태도로 교육한다.
- 귀가하면 도복 정리하기 등 수련생 스스로 도복을 관리할 수 있도록 교육한다.
- 도복을 입지 않았지만, 용기 내어 도장에 온 수련생의 생각과 행동을 모두 격려해준다. 이를 통해 수련생의 행동과 사고능력을 통합적으로 키워지게 된다.
- 도복 입고 오기를 강압적으로 강요하면 가끔 도복이 없다고 결석하는 수련생이 있다. 사범은 수련생들의 특성을 파악하여 어린 수련생이나 성격이 소심한 수련생에게 도복 없이 수련에 참여해도 괜찮다는 것을 알려준다.

상황 1. 인사를 부끄러워하거나 모르는 척 할 때

비권장 코칭언어

(신입 수련생이 도장에 들어오며 사범님이 앞에서 미적거리며 인사를 안 한다)

사범님 : OO야, 어서 오너라. **(사범님만 인사하고 들여보낸다)**,
(방임하기, 무시하기)

사범님 : 사범님께 인사해야지, **큰소리로 해봐**. (명령하기)

사범님 : OO이는 **인사하는 것이 매번 안 되더구나**, 인사를 잘해야 해, 어서 해봐.(비난하기)

◆ Coaching Tip ◆

- 수련생이 인사를 어려워한다고 해서 인사를 시키지 않고 들여보내게 되면 차후 수련생의 자발성이나 사회성 발달에 도움이 되지 않는다.

도장 규칙 사례

- 밖이나 도장에서 만나면 공손하게 인사를 합니다.
- 귀가 시에도 힘차게 인사를 합니다.
- 허리 숙여서 인사 시 허리 숙여서 속으로 셋을 세고 허리를 듭니다.

(서울 성동구 경희대 효 태권도장)

- (지도진을 부르고 서로 마주본 상황에서) 고개와 허리를 함께 60~90° 가량 숙이며 인사합니다.
- 지도진도 수련생과 함께 고개 숙여 정중하게 인사해줍니다.

(경남 창원 우림태권도장)

- 항상 밝고 힘찬 목소리로 지도진과 수련생이 함께 인사합니다.

(인천 남구 도담태권도장)

상황 2. 인사하는 태도나 말투가 예의 바르지 않을 때

권장 코칭언어

인사하는 태도나 말투가 예의 바르지 않을 때

수련생 : 사범님, 안녕하세요!
(걸어가며 대충 인사하고 지나치려 한다.)
사범님 : 그래요, 어서 와요. (하고 인사를 받아준 후)
사범님 : ○○이가 오늘 많이 서두르네요, 그런데 인사는 공손하게 해야지요? 다시 한 번 해볼까요. 먼저 <u>**다리를 모으고, 손이 흔들리지 않게 옆에 붙이고 사범님과 눈을 마주치고, '사범님 안녕하십니까!' 라고 말하고 허리를 숙이는 거예요.**</u>
수련생 : 네.
사범님 : 다시 한 번 인사해 볼까요?
수련생 : (공손한 태도로 다시 인사한다.) 사범님, 안녕하십니까!
사범님 : 그래요, 공손한 인사를 받으니 사범님도 기분이 좋아요.

◆ Coaching Tip ◆

- 인사하는 태도가 바르지 않은 것은 수련생이 올바른 인사방법에 대해 인식하지 못하는 경우이므로 올바른 인사방법에 대해 구체적인 방법으로 알려준다.
- 인사하는 동작을 쉬운 것부터 어려운 것으로 구분하여 쉬운 것부터 점진적으로 연습하는 것이 중요하다(쉐이핑).

상황 2. 인사하는 태도나 말투가 예의 바르지 않을 때

비권장 코칭언어

인사하는 태도나 말투가 예의 바르지 않을 때
사범님 : 너 인사하는 태도가 **그게 뭐야!** 똑바로 하라고 몇 번을 얘기했어? (처벌적 실수지도)
사범님 : (성의 없는 말투로) **어서 와.** (무시하기)

◆ Coaching Tip ◆
- 일방적인 호통이나 비난은 수련생에게 예의범절의 필요성을 느끼지 못하게 만들 수 있다.
- 수련생이 인사를 하지 않을 때 처벌 식 지도방법이나 언어사용은 금지한다.

도장 규칙 사례

- 밖이나 도장에서 만나면 공손하게 인사를 합니다.
- 귀가 시에도 힘차게 인사를 합니다.
- 허리 숙여서 인사 시 마음 속으로 셋을 세고 허리를 듭니다.

(서울 성동구 경희대 효 태권도장)

- (지도진을 부르고 서로 마주본 상황에서) 고개와 허리를 함께 60~90° 가량 숙이며 인사합니다.
- 지도진도 수련생과 함께 고개 숙여 정중하게 인사해줍니다.

(경남 창원 우림태권도장)

- 항상 밝고 힘찬 목소리로 지도진과 수련생이 함께 인사합니다.

(인천 남구 도담태권도장)

쉐이핑 shapping 기법

행동수정은 긍정적인 피드백을 통해 수련생의 잘못된 동작이나 행동을 올바르게 고쳐나가는 방법이다. 행동수정방법에서 가장 일반적으로 사용되는 방법이 쉐이핑 기법이다. 이 기법은 바람직한 행동에 이르기까지 필요한 단계를 여러 개로 나누어서 그 단계를 점진적으로 고쳐나가는 것이다. 즉 쉬운 것부터 한 번에 하나씩만을 배워나가는 것이 핵심이며, 이때 칭찬 등과 같은 강화기법을 사용한다. 도장에 와서 처음 대면하는 사람, 환경, 방식들에 혼란스러워하는 수련생들을 위해 사범님은 수련생에게 쉬운 방법부터 단계적으로 지도하는 것이 바람직하다.

바람직한 행동이나 태권도 기술 등 많은 상황에서 사용될 수 있는 기법이다. 예를 들어 다양한 상황에서 인사하기를 지도할 경우 수련생에게 처음부터 다양한 상황에서 인사하기를 요구하지 않는다. 먼저 다양한 상황에서 인사하기를 가장 쉬운 인사 상황에서 어려운 인사 상황으로 세분화시킨다. 사범님은 수련생이 가장 인사하기 쉬운 상황부터 교육해 최종적으로 어려운 상황에서도 인사를 할 수 있도록 단계적, 점진적으로 교육한다.

3 | 수련대기

원칙1. 수련 중인 타 수련생을 존중하는 책임감을 가르친다.
원칙2. 수련 대기 중에 선택해서 할 수 있는 행동지침을 미리 마련한다.

상황: 1) 수련대기실에서 시끄럽게 장난을 쳐서 수련에 방해되거나, 안전사고의 위험이 있을 때
      2) 다른 친구들과 어울리지 않고 혼자 있을 때

◆ 코칭관점 ◆

- 수련을 준비하며 대기하고 있을 때 사범님은 수련생들에게 현재 진행되고 있는 수련을 방해하면 안 된다는 점을 교육하고 이와 관련된 규칙을 만든다.
- 수련대기 시 서로 인사하기 등의 기본 행동지침을 마련하고, 혼자 있는 수련생에게 자발적으로 관심을 표현할 수 있도록 훈련한다.

상황 1. 수련 대기실에서 시끄럽게 장난을 쳐서 수련에 방해되거나 안전사고의 위험이 있을 때

권장 코칭언어

(대기실에서 뛰어다니며 장난치는 시끄러운 소리가 들려서 사범님이 대기실 안을 들여다본다.)

사범님 : 큰소리로 신 나게 놀고 싶군요.(1단계)

수련생1 : 네~

사범님 : 그렇지만 여기는 시끄럽게 하거나 뛰어놀면 안 되는 곳이에요. (2단계)

수련생 : …

사범님 : 대기실에 앉아서 조용히 놀 수 있어요. 그렇지 않으면 복도에 나가서 서 있어야 해요. (3단계)

수련생1 : 조용히 할게요.

(잠시 후 다시 시끄러운 소리가 들린다.)

사범님 : **대기실 수련생 모두 복도로 나가서 수련 시작 전까지 바른 자세로 열중쉬어 하세요!**(4단계)

◆ Coaching Tip ◆

- 수련생 행동통제 4단계를 적용한다.
1단계: 수련생의 감정, 바람 등을 알아준다.
2단계: 통제하고 싶은 행동이나 규칙을 명확하게 말한다.
3단계: 적절한 다른 방법을 제시하고 선택하게 한다.
4단계: 선택의 결과를 책임지게 한다.
- 3단계에서 선택할 대안을 줄 때는 아동의 (여기서는 놀고 싶은)욕구가 어느 정도 반영이 된 것이어야 하고 이후에 일어날 일에 대한 언급(그렇지 않으면 복도에 나가서 서 있어야 해요)이 필요하다. 그렇지 않을 때는 자신의 선택 행동의 결과를 받아들이는데 반감이 생길 수 있다.
- 수련생 스스로 적절한 방법을 선택하도록 자율권을 주고 그에 대한 책임을 지게 한다.

상황 1. 수련 대기실에서 시끄럽게 장난을 쳐서 수련에 방해되거나 안전사고의 위험이 있을 때

비권장 코칭언어

(대기실에서 뛰어다니며 장난치는 시끄러운 소리가 들려서 사범님이 대기실 안을 들여다본다.)

사범님 : 너희들 조용히 하면 사범님이 **사탕 줄게.** (비위 맞추기)

사범님 : 너희들 모두 **조용히 안 해!** (명령하기)

사범님 : 모두 **엎드려뻗쳐!** (벌주기)

◆ Coaching Tip ◆

- 벌 받을 때 수련생은 슬픔, 저항, 보복 등과 같은 부정적인 감정을 경험하기 때문에 벌주기는 될 수 있으면 사용하지 않는다.
- 수련의 목표나 의도 달성이 최우선이 되어야 하며, 수련생의 기분에 따라 좌우되지 않도록 한다.

상황 2. 다른 친구들과 어울리지 않고 혼자 있을 때

권장 코칭언어

(수련생 중 한 명이 말없이 혼자 앉아 있다.)
사범님 : ○○이는 혼자 앉아 있네.
수련생1 : (다른 곳으로 시선을 돌려 거울을 보고 얼굴을 찌푸린다).
사범님: 거울 속의 네 얼굴을 보고 노는구나.
수련생 : (시선을 맞추게 되었다. 눈인사와 질문이 가능해진다.)

(다른 친구들과 같이 있을 때)
사범님 : ○○이는 다른 친구들이 노는 것을 보고 있구나.
수련생 : …
사범님 : **친구들이 노는 것이 재미있어 보이는구나. 같이 놀고는 싶은데 어색하고 부끄러워서 잘 안 되나 보다.**

◆ Coaching Tip ◆

- 사범님은 친사회적 행동 모델링하기(친구들과 자연스러운 시선마주치기, 친구들의 놀이에 큰 소리로 웃어주기 등 친구들과 같이 노는 방법에 대해 방법 찾기를 시도한다.)
- 혼자 앉아 있는 수련생에게 사범님이 말없이 옆에 앉아있어 주는 것도 도움이 된다. 좀 더 적극적으로 반응하기 위해서 사범님은 혼자 있는 아이의 행동이나, 복장, 혹은 거울 속에 보이는 모습 등을 읽어주며 수련생에게 관심을 보이고 시선을 맞춘다.

상황 2. 다른 친구들과 어울리지 않고 혼자 있을 때

비권장 코칭언어

(수련생 중 한 명이 말없이 혼자 앉아 있다.)

사범님 : ○○이는 **왜 혼자 있어?** (비난하기)

사범님 : 얘들아 ○○이가 혼자 있네, **너희들이 놀아 줘야지** (비위 맞추기)

사범님 : 너 저기 가서 애들이랑 놀아. (강요하기)

◆ Coaching Tip ◆

- 혼자 있는 수련생에게 공개적으로 관심을 보이면 해당 수련생은 부끄러워 더 위축될 수 있다.
- 혼자 있는 수련생과 어울리도록 다른 수련생들에게 강요하면 혼자 있는 수련생은 의존적인 수련생이 될 수 있다.
- 남들과 같이 왜 안 어울리느냐고 따져 묻지 않고, 수련생이 혼자 있는 이유와 마음 상태를 이해하는 데 주력한다.

도장 규칙 사례

- 수련 5분전에 띠가 가장 높은 원생이 아이들을 집합시켜 자리에 앉게 합니다.

(서울 성동구 경희대 효 태권도장)

- 수련 시간 10분전에 도장에 도착해서 차분하게 수련 준비를 합니다.
- 오늘 수련할 내용을 숙지하고 미리 연습하도록 합니다.
- 수련시간 5분전에 화장실에 다녀오고, 복장도 단정히 합니다.
- 돈이나 중요한 물건은 사범님께 꼭 맡깁니다.
- 혹시 자기 주위가 청결한지 확인해 보고 정리해 봅니다.

(부산 사하구 강동체육관)

- 수련준비 시작(5분전)이란 구령과 함께 복장확인, 화장실 다녀오기, 물마시기 등 태권도 수련 시작 전에 대한 기본적인 자세와 행동을 실천합니다.
- 출발이란 구령이란 말과 함께 가장 높은 수련생부터 유품자는 "0품 0급 000입니다. 유급자는 "00띠 0급 000입니다"라고 말하며 90° 인사하고 자신이 수련할 자리에 가서 앉습니다.

(인천 남구 도담태권도장)

자존감을 키우는
태권도 코칭언어

Proper Taekwondo Coaching Phrases

02

수련준비

4. 바른 명상태도
5. 수련준비 부족
6. 수련 설명 시 주의집중 부족

4 | 바른 명상태도

원칙1. 명상 태도가 바르지 않은 수련생에게만 주의를 준다.

상황: 1) 눈을 뜨거나 자세가 흐트러질 때(개인별 통제)
      2) 전체 수련생의 명상 분위기가 산만할 때(전체 통제)

◆ 코칭관점 ◆

- 명상은 태권도 수련을 시작하기 전 차분하게 마음을 가라앉히고, 수련에 임하는 태도를 정리하는 시간이다. 수련생들이 자연스럽게 에너지를 낮추고 차분하게 임할 수 있도록 유도한다.
- 집중을 못하는 수련생 때문에 전체 분위기가 흐트러질 수 있으므로 해당 수련생에게 다가가 개별 지도한다.
- 사범님의 말과 행동이 명상을 방해하지 않도록 주의한다.

상황 1. 눈을 뜨거나 자세가 흐트러질 때(개인별 통제)

권장 코칭언어

사범님 : (명상하는 동안은 사범님은 발걸음 소리나 옷이 스치는 소리도 나지 않도록 **조심스럽게 움직인다.**)

(눈을 뜨고 있는 수련생에게 다가가)

사범님 : (귓속말로) 눈을 감고 마음으로 200까지 세 봐.

(허리가 낮춰지고 등이 굽어 있는 수련생에게 다가가)

사범님 : (**등을 톡톡 두드리며 작고 낮은 목소리로**) 허리 세우세요.

(손가락을 꼬물거리고 있는 수련생에게 다가가)

사범님 : (**조용히 손을 꼭 잡아준다.**)

허리 펴세요!

◆ Coaching Tip ◆

- 명상 중 사범님은 수련생들의 명상에 방해되지 않도록 조심스럽게 움직인다.
- 명상 태도가 흐트러진 수련생에게만 개인적으로 신호를 주어 명상 태도를 바로잡는다.
- 눈을 감고 일정 시간을 유지하는 것이 어려운 아동을 위해 처음에 눈을 감는 행동을 유지할 수 있도록 구체적인 예를 알려주고 성공하면 칭찬하여 정해진 시간 동안 눈을 감고 있도록 한다. 다음에 수를 세지 않고도 명상시간 동안 눈을 감고 있을 수 있도록 하고, 최종적으로는 눈을 감고 명상활동에 집중할 수 있게 한다.

상황 1. 눈을 뜨거나 자세가 흐트러질 때(개인별 통제)

비권장 코칭언어

낮은 음악이 흘러나오는 명상상태에서 눈을 뜨거나 자세가 흐트러질 때(개인별 통제)

사범님 : OO야 눈 감기 힘들어? 그래도 감아야지 (비위 맞추기)

사범님 : (**강한 어조로**) OO야 눈 안 감을래~ (협박하기)

◆ Coaching Tip ◆

- 명상 중 사범님이 소리 내서 움직이거나 말을 많이 할 경우 수련생의 명상을 방해할 수 있다.
- 수련 태도가 안 좋은 수련생이 있는 경우 전체적으로 지적하지 않고 해당 수련생에게만 주의를 준다.

상황 2. 전체 수련생의 명상 분위기가 산만할 때(전체 통제)

권장 코칭언어

전체 수련생의 명상 분위기가 산만할 때

(명상 중이던 음향을 중단하고)

사범님 : **그만 모두 눈뜨세요!** 명상에 모두들 집중을 못 하네요. 사범님은 여러분이 오늘 명상에 집중하지 못하여 전체 수련을 망칠까 봐 염려가 됩니다(또는 저는 여러분 모두가 명상에 집중하지 못하여 속상합니다). 우리 모두 같이 **심호흡 한번 하고 다시 시작해 봐요.**

(수련생과 함께 심호흡한다.)

사범님 : 준비됐어요?

수련생 모두 : 네.

사범님 : **그럼 다시 시작해 봐요.** 눈감고, 허리 세우고, 주먹 쥐어 올리고~

(다시 명상 음악을 켠다.)

◆ Coaching Tip ◆

– 명상 분위기가 잘 잡히지 않을 때는 주위를 환기하고 다시 시작하는 것이 효율적이다.

상황 2. 전체 수련생의 명상 분위기가 산만할 때(전체 통제)

비권장 코칭언어

전체 수련생의 명상 분위기가 산만할 때
사범님 : (구체적인 내용 없이) **조용히 해라.** (명령하기)
사범님 : (화를 내며) 너희들 명상 **이런 식으로 할 거야!** (비난하기)

◆ Coaching Tip ◆
- 명상하는 동안 수련생을 비난하거나 혼을 내면 수련생은 사범님의 눈치를 살피는데 시간을 보내기 쉽다.
- 언어적인 명령보다는 약속된 비언어적 신호를 보낸다.

도장 규칙 사례

- 바른 명상태도(무릎은 꿇고 양손은 가볍게 말아 쥐어 무릎 위에 위치하고 허리는 곧게 편다)를 유지합니다.
- 5분이 지나면 정좌나 편안한 자세에서 명상을 실시합니다.

(전북 익산 송암태권도)

- 남자는 왼발, 여자는 오른발을 종아리 위에 올려 허리를 곧게 편 후 어금니를 살짝 물고 턱을 몸 쪽으로 살짝 당긴다. 두 손은 가볍게 쥐어 무릎위에 올린다.

(경남 창원 우림태권도장)

- 명상하면 좋은 점을 지속적으로 이야기 한다(집중력 향상 및 기억력 증대, 교우 관계 원활, 자기의 내면에 대한 반성과 성찰).
- 명상음악이 들리면, 하던 일을 멈추고 편안히 앉아 눈을 감고 명상을 합니다.
- 만약 하고 싶은 이야기가 있으면, 다른 사람에게 피해가 가지 않도록 조용히 손을 들고 대기하다, 사범님이 오시면 조용히 이야기 합니다.

(부산 사하구 강동체육관)

나 전달법 I-Message

상대방과의 대화 시 상대의 감정을 상하게 하지 않으면서 나를 주제로 원하는 메시지를 전달하는 표현을 '나 전달법'이라고 한다. 반면 상대방을 주제로 상대의 존재를 평가, 비판, 충고하는 공격적 표현을 '너 전달법(You-Message)'이라고 한다. 너 전달법은 '너는 …하다'와 같이 상대를 주제로 표현하는 전달법으로 '너'를 주어로 하는 대화는 상대의 잘못을 지적하거나 비난하는 말투가 되기 쉽다. 그러나 나 전달법은 '나는'으로 말문을 튼 뒤 상대방의 행동, 나의 마음, 바라는 점을 차근히 전달하는 방법으로 '너'의 실수를 지적하는 것이 아니라 '나'의 감정이나 상황을 전달하는 것입니다. 명상할 때 분위기를 흐리는 수련생들을 통제하는 방법 중 한 가지는 바로 나 전달법을 사용하는 것이다. '너'를 주어로 하는 대화는 상대방을 비난하거나 잘못을 지적하는 말투가 되기 쉽지만 '나'를 주어로 하는 대화 즉, 나 전달법은 자신의 감정을 차분하면서 단호하게 전달하여 수련생이 사범님의 말을 경청할 수 있도록 만들어 준다. 이러한 나 전달법을 사용할 때 주의해야 할 점은 다음과 같다. 첫째, 현재 상황에서 상대방의 자극이나 행동을 객관적으로 이야기한다. 둘째, 상대방의 행동이 자신에게 미칠 영향에 대해서 이야기한다. 셋째, 자신이 느끼는 감정이나 원하는 바를 구체적으로 이야기한다.

5. 수련준비 부족

원칙1. 수련시작 전 관련 도장 규칙을 만들고 미리 훈련시킨다.

상황: 1) 집합 구령에도 줄을 서지 않고 돌아다닐 때
       2) 수련준비물을 챙기지 않아 뒤늦게 준비물을 챙기러 갈 때
       3) 수련시간에 지각했을 때

◆ 코칭관점 ◆

- 수련 시작 전 집합 구령을 하면 어떻게 행동해야 하는지 미리 연습한다. 예를 들어 수련 시작 5분 전 화장실 다녀오고 물 마시기, 수련 시작 3분 전 정해진 대로 줄서기, 정각에 명상 시작하기 등의 규칙을 미리 숙지시켜 낭비하는 시간이 없도록 수련시간을 구조화한다.
- 자신의 실수에 대해 스스로 책임지게 한다.

상황 1. 집합 구령에도 줄을 서지 않고 돌아다닐 때

권장 코칭언어

집합 구령에도 줄을 서지 않고 돌아다닐 때
(수련생이 집합시간을 모르고 있었다면)

사범님 : (돌아다니는 수련생에게) **집합시간이 지났습니다.**

수련생 : 아니요.

사범님 : 모르고 있었군요. **집합시간이 5분이었는데 2분이 지났습니다(명확하게 상황을 알려준다). 지금은 7분이네요(잘못한 행동에 초점을 두지 말고 불필요하게 지난 시간을 계산하게 유도한다).**

수련생 : 네. 죄송해요.

(수련생이 자연스럽고 빠른 동작으로 찾아갈 수 있도록 자리를 눈짓으로 알려준다.)
(수련생이 알고 있었다고 답할 때)

수련생 : 네.

사범님 : 집합시간은 **우리 모두의 약속이에요**, 다음부터는 집합시간이 되기 전에 빠르게 자기 자리를 찾아갑니다.

◆ Coaching Tip ◆

– 같은 실수를 반복해서 할 경우 구체적인 정보를 주어 다시는 그런 실수가 일어나지 않도록 한다.
– 반복해서 실수할 경우 해당 실수에 상응하는 처벌이 무엇인지 정확하게 알려준다(예, 또 집합시간에 자기 자리에 앉지 않고 돌아다니면 맨 뒤에서 너 혼자 수련을 해야 할 거야 등).

상황 1. 집합 구령에도 줄을 서지 않고 돌아다닐 때

비권장 코칭언어

집합 구령에도 줄을 서지 않고 돌아다닐 때

사범님 : 넌 **왜 집합 안 하고 돌아다니는 거야!** (비난하기)

사범님 : **그냥 쳐다보며 아무런 반응**을 보이지 않는다. (무반응)

◆ Coaching Tip ◆

- 한두 명의 수련생을 혼내거나 기다리기 등의 활동은 수련 분위기를 망치거나 수련 시간을 낭비하는 비효율적인 지도 행동이다.
- 수련생의 실수 행동에 대해 즉각적이고 구체적인 피드백을 준다.

상황 2. 수련준비물을 챙기지 않아 뒤늦게 준비물을 챙기러 갈 때

권장 코칭언어

수련준비물을 챙기지 않아 뒤늦게 준비물을 챙기러 갈 때
(겨루기 장비를 미리 착용하고 집합해야 함을 알려주었으나, 준비하지 못하고 늦게 준비하러 간다.)

사범님 : OO이가 장비준비가 늦었네요. **서둘러야겠어요.**
수련생 : 네.

(장비준비가 끝난 후)
사범님 : OO이가 장비준비를 늦게 했는데도 친구들이 기다려주고 있습니다. 지금 어떤 마음이 들었습니까?
수련생 : 미안하다고 생각합니다.
사범님 : 그래요, **이럴 땐 다른 친구들에게 네 마음을 말해주면 좋겠네요.**
수련생 : 얘들아 미안해!
사범님 : 다음에 또 장비를 입어야 할 땐 어떻게 해야 할까요?
수련생 : 미리 준비할게요.
사범님 : **그래요, 그거 좋은 생각이에요!**

◆ Coaching Tip ◆

− 준비물을 늦게 챙겨 오면 다른 수련생에게 피해를 줄 수 있다는 점을 알려준다. 정의적 도덕성을 자극하여 행동을 수정하도록 한다.
− 수련이 끝난 후 개인적으로 준비물을 미리 챙길 것을 다시 한 번 당부한다.

상황 2. 수련준비물을 챙기지 않아 뒤늦게 준비물을 챙기러 갈 때

비권장 코칭언어

수련준비물을 챙기지 않아 뒤늦게 준비물을 챙기러 갈 때

사범님 : 넌 장비준비가 늦었으니, **보호 장비 없이 그냥 겨루기해**. (보복하기)

사범님 : 준비물도 제대로 못 챙겨오는데 **다른 것을 제대로 잘하겠니?** (능력에 대한 부정적 평가하기)

◆ Coaching Tip ◆

- 수련생의 안전은 태권도장에서 가장 우선시 되어야 하는 문제이다.
- 겨루기 시 보호장비 착용은 수련생의 안전에 관한 문제로 보호장비 미착용을 벌칙으로 쓰면 안 된다.
- 하나의 문제행동을 갖고 수련생의 전체 능력을 비난해서는 안 된다.

상황 3. 수련시간에 지각했을 때

권장 코칭언어

수련시간에 지각했을 때

(수련시간에 시작한 후 늦게 들어온다.)

사범님 : 오늘 ○○이가 늦었네요.

수련생 : 네, 놀이터에서 놀다가 시계가 없어서 늦은 걸 몰랐어요.

사범님 : 그렇지요! ○○이가 늦었으면 **그만한 이유가 있어서 늦었겠지만**, ○○이가 늦게 들어오는 순간, 사범님도 친구들도 ○○이 보느라 수련 흐름이 끊겼어요. **이럴 때는 친구들에게 사과하는 것이 좋겠어요.**

수련생 : 저도 사과해야 할 것 같아요.

사범님 : 그래요, 그럼 사과하고 빠르게 자리로 가는 게 좋겠어요.

(사과하는 방법을 모른다면 사범님이 넌지시 가르쳐준다.)

수련생 : 늦어서 미안해. 다음엔 시간에 맞춰서 오도록 노력할게!

◆ Coaching Tip ◆

- 지각한 수련생이 진지한 분위기에서 사과하도록 유도한다.
- 책임을 물을 때는 차분하지만 단호한 태도를 유지한다.
- 잘못에 대해 논리적 결과로 책임을 지게 한다(예. 다음에도 지각하면 늦게 온 만큼 집에 늦게 가야 할 거야).

상황 3. 수련시간에 지각했을 때

비권장 코칭언어

수련시간에 지각했을 때

사범님 : (화를 내며) 이 녀석 **또 늦었어**. (비난하기)

사범님 : (**아무 말도 없이** 자리로 들여보낸다.) (방임하기)

◆ Coaching Tip ◆

- 수련생이 지각하였을 경우에 정도가 심한 비난을 하게 되면, 이후에 시간이 늦었을 경우 도장에 오지 않거나 운동을 그만둘 수도 있다.
- 수련생이 지각하였을 경우에 방임하게 되면, 지각하는 행위가 해도 괜찮은 행위로 인지될 우려가 있기 때문에 지각에 대한 반응은 꼭 필요하다.

도장 규칙 사례

- 벽면에 붙어있는 오늘 배울 내용에 대한 주간 / 일간 계획표를 도장 출입 후 읽도록 하고, 교육내용을 알고 준비하면 좀 더 재미있는 수련이 될 수 있음을 지속적으로 주지시킵니다.
- 수련준비(화장실, 물 등)가 안 되서 가게 될 때는 조용히 손을 들고 다녀오고, 다녀온 후에는 수련에 방해가 되지 않도록 뒤에 조심히 앉자 사범님에 지시가 있기 전까지 앉아서 대기를 합니다.

(부산 사하구 강동체육관)

- 상급자는 하급자의 자리를 지정해 줍니다.
- 수련 준비 전에 명상 등을 통하여 오늘 배워야 될 내용에 대해 미리 생각하고 목표를 정합니다.

(인천 남구 도담태권도장)

팀 빌딩 Team building

팀 빌딩은 집단이 목표를 달성하기 위해 집단의 효과성을 높여주는 방법의 하나다. 사범님은 집단의 규범이나 집단 내 개인의 위치에 대하여 설명해 주고 집단 내 상호작용과 의사소통이 원활하게 진행될 수 있도록 노력해야 한다. 즉, 사범님은 팀원들이 자신의 역할과 임무를 정확히 이해하고 자신의 임무를 책임 있게 수행할 수 있도록 도와주어야 한다. 또한, 사범님은 개방적인 팀 분위기를 만들어 집단 간 의사소통이 활발하게 이루어지고 일치단결하여 수련할 수 있는 환경을 만들어야 한다.

6 | 수련 설명 시 주의집중 부족

원칙1. 집중하지 못하는 수련생에게 단호한 언어나 행동을 사용한다.

상황: 1) 옆자리 수련생과 눈치 보며 떠들고 있을 때
　　　2) 사범님 말씀 끝에 '네?' 하고 되물어 수련설명 중간에 끼어들 때

◆ 코칭관점 ◆

- 수련설명 시 어떤 태도로 임해야 하는지 미리 교육한다.
 "사범님이 오늘 어떤 내용을 수련할지 설명할 거야! 사범님이 설명하는 동안 항상 사범님과 눈이 마주칠 수 있도록 집중하고 들어야 해! 그리고 궁금한 것이 있으면 사범님 말씀이 끝날 때까지 기다렸다가 끝나고 난 후에 손을 들면 말할 기회를 줄게!
- 주의집중 지도전략을 사용해도 수련생이 집중하지 않을 경우 통제 목적으로 단호한 언어나 행동을 사용한다.
- 관심을 끌기 위한 행동은 일차적으로 무시한다.

상황 1. 옆자리 수련생과 눈치 보며 떠들고 있을 때

권장 코칭언어

옆자리 수련생과 눈치 보며 떠들고 있을 때
(사범님이 오늘 수련의 내용과 목표에 대하여 설명하고 이해시키고자 할 때 듣지 않고 옆 친구와 떠든다.)

사범님 : (떠들고 있는 수련생 옆으로 다가간다)

사범님 : (눈을 마주치면서 설명을 한다.)

사범님 : (문제행동을 일으키는 수련생에게 질문한다.) 이 동작을 할 때는 어디를 봐야 하지요?

(그래도 수련생들이 계속해서 떠든다면)

사범님 : (차분하고 단호한 태도로) <u>OO아, 지금은 사범님 말씀을 잘 들어야 할 때에요. 계속 옆 친구하고 얘기하면 둘이 같이 밖으로 내보낼 수밖에 없어요.</u>

지금은 사범님 말씀을 잘 들어야 할 때에요.

◆ Coaching Tip ◆

- 수련 설명은 사범님이 주도적으로 이끌어 간다.
- 주의집중전략을 사용해도 수련생이 집중하지 않으면 차분하고 단호한 태도로 수련생을 통제한다.
- 수련생들이 계속 떠들면서 규칙을 지키지 않으면 다음에 일어날 일을 설명해주어 행동을 선택하도록 한다.

상황 1. 옆자리 수련생과 눈치 보며 떠들고 있을 때

비권장 코칭언어

옆자리 수련생과 눈치 보며 떠들고 있을 때

사범님 : **너 사범님 설명 들었어? 뭐라고 했는지 말해봐.** (면박주기)

사범님 : **(부탁하는 말투로)** ○○야 사범님 설명 안 듣고 있네? 들어야 해.(비위 맞추기)

◆ Coaching Tip ◆

- 상대 수련생 탓으로 돌리거나 말대답을 하지 못하도록 단호한 말투로 지도한다.
- 문제 행동을 일으키는 수련생을 지적할 때에는 수련 분위기가 흐트러지지 않도록 유의한다.

상황 2. 사범님 말씀 끝에 '네?' 하고 되물어 수련 설명 중간에 끼어들 때

권장 코칭언어

사범님 말씀 끝에 '네?' 하고 되물어 수련설명 중간에 끼어들 때

사범님: (차분하고 단호한 태도로) <u>OO아, 지금은 사범님 설명을 듣는 시간이에요. 집중해서 잘 듣고, 모르는 것은 기억해 두었다가 사범님 말씀이 끝난 후에 질문하도록 하세요.</u>

사범님 말씀이 끝난 후에 질문하도록 하세요.

◆ Coaching Tip ◆

- 수련생이 관심을 끌기 위해 설명 중 끼어들면 1차적으로 무시한다. 사범님의 무시에도 수련생이 계속 끼어들 경우 사범님은 정지의 뜻으로 손을 들어 수련생의 말을 멈추도록 지시하고 끝까지 설명한다.
- 별도의 질문 시간을 마련해 설명한 내용에 대해 수련생들이 질문할 수 있도록 한다.
- 규칙을 정하여 정해진 시간에만 질문하게 한다.

상황 2. 사범님 말씀 끝에 '네?' 하고 되물어 수련 설명 중간에 끼어들 때

비권장 코칭언어

사범님 말씀 끝에 '네?' 하고 되물어 수련설명 중간에 끼어들 때

사범님 : 너 **조용히 해**. (면박주기)

사범님 : 너 또 끼어들면 **가만히 안 둘 거야!** (협박하기)

◆ Coaching Tip ◆
– 수련 설명이 이어져야 할 때는 수련생 개인과 상대하지 않도록 유의한다.

도장 규칙 사례

- 수련설명 시 주의집중이 부족한 수련생은 눈을 마주치거나 다가가서 큰사범님, 교범님이 관심을 주고 있다는 것을 알려줍니다. 그리고 큰사범님의 입장을 충분히 전달해주는 것이 좋습니다.
ex1) "000가 수련시간에 큰사범님의 말씀에 귀 기울이지 않아 큰사범님이 힘들구나...잘했으면 좋겠는데...
ex2) "000야 잘 못해도 되니 큰사범님을 따라서 같이 한 번 해보자꾸나... 자꾸 따라 하다보면 잘 할 수 있을 거야.

(전북 정읍 호림태권도장)

- 주의집중은 수련 설명 외에 학업 및 일상생활에서 큰 부분을 차지하므로 도장에서 집중하는 연습을 통해 발전시킬 수 있음을 주지시킵니다.
- 설명을 이해하지 못하면, '눈감고 코끼리를 만지는 것과 같다'는 사실을 이해시킵니다.
- "○○○"하고 이름을 부르면 주목하고 일어나며, 사범님과 눈을 맞춥니다.
- "○○○"하고 2번 호명하면 네, ○급 ○○○. 하며 차렷 자세를 유지합니다.
- "○○○"하고 3번 호명하면 불통자리에 앉아 대기하며, 자세를 유지합니다.

(부산 사하구 강동체육관)

03

준비운동

7. 준비운동을 건성으로 하거나 장난 칠 때

준비운동을 건성으로 하거나 장난칠 때

원칙1. 수련생의 참여를 높이기 위해 격려, 칭찬 등 긍정적인 언어를 사용한다.

상황: 1) 건성으로 따라 할 때
      2) 동작을 하면서 옆 친구에게 장난칠 때

◆ 코칭관점 ◆

– 준비운동은 수련을 시작하는 초기 단계다. 수련 초기 단계에서 수련생들이 적극적으로 참여하도록 내적동기를 끌어올리는 일이 무엇보다 중요하다. 통제와 자기조절이 필요한 행동은 차분하고 단호하게 제지해야 한다.

상황 1. 건성으로 따라 할 때

권장 코칭언어

준비운동을 건성으로 대충 따라 할 때
- 구령에 추임새 넣기

사범님 : (준비운동을 건성으로 하는 수련생과 눈을 맞추고 구령을 붙이는 중에 구령 속에 **'하나 둘 셋 넷 OO아, 무릎 잡고 OO아 힘차게 하자!'** 하며 추임새를 넣어 재미있게 따라오도록 유도한다.)

- 옆에 다가가서 관심 보여주기

사범님 : OO아, **조금만 더 힘내볼까요?**
(건성으로 따라 하고 있는 수련생 옆에서 같이 한다.)

- 잘되고 있는 점을 말해주며 격려하여 동기 끌어올리기

사범님 : OO이가 **무릎을 정확히 잡았네요, 구령도 크게 붙이고 있고요.**

◆ Coaching Tip ◆

- 동기가 낮은 수련생들은 건성으로 따라 하는 경향이 있다. 이때 사범님은 수련생이 잘하거나 잘되는 동작을 칭찬해 좀 더 적극적으로 참여할 수 있도록 격려한다.
- 격려는 말로 할 수도 있지만, 사범님이 수련생 옆으로 다가가 적극적으로 눈을 마주치며 관심을 보여주는 비언어적인 행동도 가능하다.

상황 1. 건성으로 따라 할 때

비권장 코칭언어

준비운동을 건성으로 대충 따라할 때

사범님 : OO이 동작 **똑바로 안 할 거야!** (비난하기)

사범님 : 너 오늘 수련 시작부터 **그렇게 할 거야?** (불필요한 질문하기)

◆ Coaching Tip ◆

- 사범님이 잘못에 대해 비난을 하면 수련생이 혼나지 않기 위해 사범님 눈치를 보게 된다. 이 때문에 스스로 잘하고자 하는 수련생의 내적동기가 떨어진다.

상황 2. 동작을 하면서 옆 친구에게 장난칠 때

권장 코칭언어

준비운동 동작으로 옆 친구를 손발로 툭툭 쳐서 건드릴 때

사범님 : ○○이가 옆 친구랑 장난이 치고 싶은가 보네요.
하지만 지금은 수련에 집중하는 시간이에요. 수련시간이 끝나면 재미있게 장난치고 놀 수 있어요.

(수련생이 또 옆 친구를 건드린다.)
사범님 : **계속 장난을 친다면 맨 뒷줄에 가서 혼자 해야 합니다.**

(수련생이 계속해서 옆 친구를 건드린다.)
사범님 : ○○이는 맨 뒷줄에서 혼자 준비운동을 하기로 결정했나 보네요! 맨 뒷줄로 가세요.

◆ Coaching Tip ◆

- 수련생이 방해 행동을 멈추고 긍정적인 선택을 할 수 있도록 다음의 수련생 행동 통제 4단계를 적용한다.
  1단계: 수련생의 감정, 바람 등을 알아준다.
  2단계: 통제하고 싶은 행동 규제를 명확하게 말한다.
  3단계: 적절한 다른 방법을 제시하고 선택하게 한다.
  4단계: 선택의 결과를 책임지게 한다.

상황 2. 동작을 하면서 옆 친구에게 장난칠 때

비권장 코칭언어

준비운동 동작으로 옆 친구를 손발로 툭툭 쳐서 건드릴 때

사범님 : (부탁하는 어투로) ○○아. **장난치지 마~** (비위 맞추기)

사범님 : **너 계속 장난 칠 거야! 장난치지 말라고 몇 번이나 말했어!** (비난하기)

◆ Coaching Tip ◆

- 수련생의 행동을 통제할 때 사범님이 부탁하는 말투를 사용하면 수련생이 사범님의 지시를 무시하고 계속 문제 행동을 하게 된다. 수련생의 문제 행동을 제지할 때에는 단호한 언어, 말투, 행동을 사용한다.

도장 규칙 사례

- 준비운동은 수련시간의 최고 선임(유단자 고학년)이 리더가 되어 실시합니다.
- 장난을 치는 수련생은 리더가 경고를 부여합니다.
- 경고가 누적된 수련생은 사범님에게 훈육을 받습니다.
- 사범님은 준비운동 시간에 수련생들의 모습을 지켜보아야 합니다.
- 수련생 훈육 시에는 꾸중보다는 왜 그랬는지 입장을 들어보고 지금부터는 장난하지 않을 것을 약속한 후 지켜봅니다.

(전북 익산 송암태권도)

- 구령소리가 작거나 건성으로 하는 모습이 보이면 바른자세(한쪽무릎을 구부린자세)를 시킵니다.
- 준비운동을 제대로 하지 않으면 다칠 수 있는 부상의 위험이나 분위기에 대하여 말해줍니다.

(경남 창원 우림태권도장)

- 준비운동은 유급자부터 유품(단)자까지 누구나 할 수 있습니다. 준비운동을 통해 자신감, 리더십 등을 배울 수 있다고 강조하며, 준비운동은 수련생이 자발적으로 실시합니다.
- 준비운동을 건성으로 하거나 구령소리가 작을 때 지도자는 그 수련생의 작은 동작에 대한 칭찬을 해주며, 격려를 통해 열심히 할 수 있는 기회를 제공합니다.
- 지도자는 그 수련생 옆에 서서 같이 함께 실천합니다.

(인천 남구 도담태권도장)

04

주수련

8. 적극적으로 참여하지 못할 때
9. 실수를 할 때
10. 팀 운동 의견 다툼
11. 반복운동 소홀
12. 돌발행동
13. 실패에 대한 두려움
14. 칭찬과 격려
15. 경쟁의 바람직한 활용
16. 성취도가 떨어지는 수련생
17. 놀림이나 비난을 하는 상황
18. 난처한 질문, 의미 없는 독백
19. 산만한 아이 다루는 법
20. 응급상황 대처

8. 적극적으로 참여하지 못할 때

원칙1. 노력과 과정을 중시하여 수련생이 스스로 참여할 수 있도록 유도한다.

상황: 1) '못해요' '안 해요' 등으로 수련을 겁내거나 거부할 때
　　　 2) 집중하지 못하거나, 사범님 구령에도 따라오지 못할 때

사범님~
어떻게 해야하는지
도와주세요!

◆ 코칭관점 ◆

- 자기효능감이 낮은 수련생들은 자신의 태권도 실력이 외부에 드러나는 태권도 특성상 수련 활동에 위축되어 적극적으로 참여하지 못할 뿐 아니라 평가 상황을 두려워하여 참여를 피하려는 경향을 보인다. 이러한 수련생은 평가 중심의 수련보다는 수련의 의미를 찾는 데 중점을 두어 지도한다. 이러한 과정을 통해 수련생들의 태권도 자신감을 높여 주어 수련 불안감을 줄여주도록 한다.
- 집중시간이 짧아 수련과제에 잘 몰입하지 못하는 수련생들은 사범님과의 신호를 통해 집중 시간을 점진적으로 늘려간다.

상황 1. '못해요' '안 해요' 등으로 수련을 겁내거나 거부할 때

권장 코칭언어

'못해요' '안 해요.' 등으로 수련을 겁내거나 거부할 때
(품새 생존게임을 하는 상황, 자기 차례가 되었는데 준비하지 않는다.)

사범님 : ○○이 차례네요.

수련생 : 저는 안 할래요.

사범님 : 안 하겠다고 했어요?

수련생 : 네, 저는 못하겠어요.

사범님 : ○○이는 앞에 나와 품새를 하는 것이 부끄럽고 걱정되나 보네요! 하지만 우리는 수련할 때, 하고 안 하고를 마음대로 선택할 수는 없어요. **대신 다른 친구들과 순서를 바꿔서 하거나, 지금 용기를 내어 시도하거나 둘 중 하나를 선택할 수는 있어요, 어떻게 할래요?**

수련생 : 바꿔서 조금 있다가 할게요.

사범님 : 그래요. 그럼 누구하고 바꾸고 싶어요? ○○이가 **부탁해서 바꿔보세요**, 사범님 보기엔 △△이나 ☆☆이에게 부탁해 보면 좋을 것 같네요.

(순서를 바꾸어서 참여하게 한 후)

사범님 : ○○아. **사범님은 서투르고 실수하는 것은 부끄러운 것이 아니라고 생각해요. 오히려 실수할까 봐 시도조차 하지 않는 행동을 더 부끄러운 것으로 생각해요.** 오늘 ○○이가 걱정하는 마음을 이겨내고 나와서 품새를 끝까지 해낸 건 아주 용기 있는 일이었다고 생각해요.

(적극적으로 참여하지 못하는 수련생에게 개인적으로)

사범님 : 태권도 수련은 자기의 잠재력, 즉 숨어있는 힘을 끌어내는 거예요, 그래서 지금까지 해보지 않은 것들을 할 수도 있고, 도저히 할 수 없다고 생각하는 것들을 해야 할 때도 있어요, 사범님이 어려운 과제를 주실 때는 '안 해요.' 혹은 '못해요.' 라는 말을 할 수가 없는 것이 우리 규칙이잖아요. 만약 혼자서 하기에 너무 어려워서 할 수 없다는 생각이 들면, **'사범님 어떻게 해야 하는지 도와주세요.'** 라고 도움을 요청해 볼 수는 있어요.

상황 1. '못해요' '안 해요' 등으로 수련을 겁내거나 거부할 때

> 사범님~
> 어떻게 해야하는지
> 도와주세요!

◆ Coaching Tip ◆

− 도장에서 수련과제에 대해 '못해요.' 또는 '안 해요.' 등과 같은 수련거부 행동을 하지 않도록 규칙을 마련한다. 사범님은 수련생이 혼자서 하기 어려운 과제에 대해 도움을 청하는 훈련을 미리 시켜둔다.

비권장 코칭언어

'못해요' '안 해요.' 등으로 수련을 겁내거나 거부할 때

사범님 : OO이는 안 하고 싶어? **힘들면 안 해도 돼.** (비위 맞추기)

사범님 : 안 돼, **사범님이 하라면 해야지**, 어서 나와! (명령하기, 강요하기)

사범님 : **이까짓 게 뭐 어렵다고.** (무시하기)

사범님 : **이런 것도 못하면 도대체 넌 무얼 할 수 있어!** (비난하기)

사범님 : 이것보다 어려운 것이 얼마나 많은데 **이것도 못하면 아무것도 못 해!**
  (능력에 대한 부정적 평가)

◆ Coaching Tip ◆

− 수련활동을 거부할 때마다 수련생의 요구를 받아주면 어렵거나 하기 싫은 활동마다 수련활동을 거부한다. 이러한 수련생의 행동은 다른 수련생들에게 모델링이 될 수 있다.
− 위축된 수련생에게 강요하거나 협박하기는 오히려 역효과를 불러올 수 있다.

상황 2. 집중하지 못하거나, 사범님 구령에도 따라오지 못할 때

권장 코칭언어

집중하지 못하고, 사범님 구령에도 따라오지 못할 때

(사범님이 전체 기본동작을 지도하고 있으나 OO이는 동작을 한두 번씩 빼먹거나 다른 친구들이 하는 것을 두리번거리며 보고 있다.)

사범님: OO이는 사범님 구령 붙일 때 동작을 빼먹고 하는 것 같네요? 네가 그렇게 하고 있다는 거 알고 있나요?

수련생: 잘 모르겠어요.

사범님: OO는 지금 다른 생각으로 구령을 흘려듣거나, 다른 친구들을 둘러보다가 사범님 말을 놓치고 동작을 빼 먹게 되는 것 같아요. 만약 사범님 설명을 **집중해서 듣는 게 어렵다면 도와줄게요.**

수련생: 네….

사범님: 그래요, 그러면 지금부터 **사범님이 구령을 붙이다가 'OO야' 하고 부르면 OO이는 하던 생각이나 행동을 멈추고 바로 사범님의 말에 집중하는 거예요.**

수련생: 네.

사범님: **한 번**만 **연습해볼까요?** 'OO아.'

수련생: (사범에게 집중함)

사범님: 좋아요. 사범님의 신호를 놓치지 않고 잘했네요. 오늘 수련 끝날 때까지 사범님이 부르는 소리 잘 듣고 해보도록 해요.

수련생: (큰소리로) 네!

◆ Coaching Tip ◆

- 집중 시간이 짧은 수련생은 사범님과 일대일로 집중할 수 있는 신호(집중단서)를 만들어 집중 시간을 늘리도록 한다. 집중 신호로는 사범님과 일대일로 정한 손짓, 눈짓 등이 있으며 수련생 전체를 대상으로 정한 신호도 사용할 수 있다.
- 사범님이 집중 시간이 짧은 수련생에게 관심을 갖는 것만으로도 수련생이 집중하려고 노력할 것이다.

상황 2. 집중하지 못하거나, 사범님 구령에도 따라오지 못할 때

비권장 코칭언어

집중하지 못하고, 사범님 구령에도 따라오지 못할 때
(사범님이 전체 기본동작을 지도하고 있으나 OO이는 동작을 한두 번씩 빼먹거나 다른 친구들이 하는 것을 두리번거리며 보고 있다.)

사범님 : **너 지금 뭐 하고 있는 거야! 사범님 구령 안 따라 할 거야!** (비난하기)
사범님 : **넌 또 집중을 안 하는구나. 그럴 줄 알았어.** (낙인찍기)

◆ Coaching Tip ◆

- 집중력이 낮은 수련생을 반복적으로 지적하면 동료 수련생에게 문제아로 낙인찍히게 된다. 그 결과 수련생의 자기 존중감을 떨어뜨려 수련생이 사범님이나 동료 수련생의 눈치를 보게 된다.

도장 규칙 사례

- 지도자는 아이들이 기분 상태에 따라서 어느 날은 재미있고 또 어느 날은 지쳐할 수도 있다는 것을 고려하여 적극적 지지로 용기를 갖도록 유도해야 합니다.

(경남 창원 우림태권도장)

- 먼저 이유를 묻고 몸과 마음이 아플 때는 먼저 공감해 주고, 내일은 더욱 건강해 져서 오늘 부족했던 부분을 채울 수 있도록 격려합니다.
- 혹 꾀가 날 경우는 '하기 싫은 것도 해야 하는 상황이 있음을 보여주기 위해 간단히 생각할 수 있는 시간을 주고, 노력하려는 모습이 보일 때, 최대한 다수에게 칭찬하며 수련을 참여하게 합니다.
- 수련 후 따로 불러 오늘의 상황에 대해 설명해 주고, 충분한 공감과 칭찬을 하도록 합니다.

(부산 사하구 강동체육관)

내적동기 intrinsic motivation

내적동기란 사람이 어떤 과제를 배우거나 행동하면서 외부적 보상이 아닌 스스로의 성취감, 유능감을 얻기를 원할 때 나타나는 동기를 의미한다. 이러한 내적동기는 스스로 선택하고, 도전할 수 있는 흥미로운 과제에 참여하려고 할 때 나타난다. 유능한 사범님일수록 상·벌 등과 같은 외적인 동기보다는 스스로 가치를 발견하고 적극적으로 참여하는 내적동기를 활용한다고 한다.

적극적으로 수련에 참여하지 못하는 수련생들에게 외적 동기가 아닌 내적동기를 이끌어내는 방법을 사용하여 스스로 수련에 재미를 붙일 수 있도록 지도한다. 구체적으로 사범님은 수련생들에게 성공경험을 제공하기 위해 실현이 가능한 목표를 제시하며, 목표 설정 과정에 수련생을 참여시킨다. 또한, 수련 과정에 언어적, 비언어적 칭찬을 자주 사용해야 한다.

9. 실수를 할 때

원칙1. 실수했을 때 수련생의 감정을 인정해 주고 스스로 문제점을 찾아 개선할 수 있도록 한다.

상황: 1) 품새 순서를 외우지 못해 실수를 할 때(기억하지 못함)
　　　2) 발차기를 연습하다 넘어졌는데, 다른 수련생들이 웃어 창피해 할 때

◆ 코칭관점 ◆

- 못하는 것은 부끄러운 것이 아니라 모르는 것을 물어보지 않고 그냥 지나가는 것이 부끄러운 것이라는 점을 알려준다. 기억나지 않거나 이해가 잘되지 않는 내용은 자유롭게 질문할 수 있도록 교육한다.
- 수련생의 크고 작은 실수에 대해 사범님이나 동료 수련생이 공개적으로 지적하거나 혼을 내면 실패공포가 커져 자신감이 낮아진다. 수련생이 실수나 잘못했을 때 창피함을 느끼지 않도록 사범님이나 동료 수련생이 배려해 주어야 한다.
- 실수가 잦은 수련생에게 좋은 연습 방법을 찾아 스스로 반복해서 노력하면 잘할 수 있다는 것을 알려주는 것이 중요하다.

상황 1. 품새 순서를 외우지 못해 실수를 할 때(기억하지 못함)

권장 코칭언어

품새 순서를 외우지 못해 실수할 때(기억하지 못함)

(수련생이 품새를 하다가 중단하고 그냥 서 있다)

사범님 : 품새가 기억이 나지 않나요?

수련생 : 네.

사범님 : 그랬군요, **품새 순서를 잊었군요.** 품새 순서를 금방 외우는 것이 쉬운 일은 아니지요.

수련생 : 네, 너무 어려워요.

사범님 : 더 잘 외우는 방법을 고민해봐야겠네요. 같이 더 잘할 수 있는 방법을 찾아봐요! **어떻게 하면 좀 더 잘 외울 수 있을까요?**

수련생 : 모르겠어요.

사범님 : 예를 들어서 **숫자를 붙여서 하는 방법이나, 손을 먼저 생각하고 준비한 다음 발을 생각하는 방법, 생각이 안 나는 곳을 물어봐서 여러 번 연습하는 방법도 있고, 잘하는 친구들을 따라 하며 기억하는 방법도 있어요.** 어떤 방법으로 한번 시도해 볼래요?

수련생 : 잘하는 친구를 따라 해 보면 좋을 것 같아요.

사범님 : 그래요, **그것도 좋은 방법이겠군요! 어떤 친구를 따라 해 볼 건지, 정하고 그 친구에게 가서 부탁해 보세요.**

수련생 : 네. 부탁해 볼게요.

사범님 : 사범님은 네가 다시 실수하더라도, **네가 실수하지 않으려고 노력했다는 것만으로도 자랑스러워요. 열심히 해 봐요!**

(수련생이 더 쉽게 목표에 도달하는 방법 제시)

사범님 : 태권도 동작을 수련할 때는 **항상 자기 몸을 머릿속에 그려가면서 연습해야 더 정확한 동작을 할 수 있고, 오랫동안 기억**할 수도 있어요.

상황 1. 품새 순서를 외우지 못해 실수를 할 때(기억하지 못함)

◆ Coaching Tip ◆

- 열심히 노력해도 실력이 향상되지 않는 수련생은 실망하여 수련 연습을 포기할 수 있다. 이때 사범님은 기술의 향상보다 노력을 인정해 주어 수련생이 계속 노력하도록 유도한다.
- 수련 내용이 잘 기억이 나지 않을 때에는 사범님이나 동료 수련생에게 자유롭게 물어볼 수 있다는 것을 알려준다. 또한, 수련생들이 적극적으로 질문할 수 있도록 자유로운 수련 분위기를 만든다.

비권장 코칭언어

품새 순서를 외우지 못해 실수할 때(기억하지 못함)

(수련생이 품새를 하다가 중단하고 그냥 서 있다)

사범님 : 너 뭐 하고 있니? 품새 못 외운 거지, **너 그럴 줄 알았어, 그러니까 집중하라고 했잖아!** (비난하기)

사범님 : 넌 **품새 못해서 승급심사 떨어지겠다.** 어쩌려고 그래! (협박하기)

사범님 : 너는 품새를 못하니까, **잘하는 친구들 보고 따라 해!** (명령하기, 무시하기)

◆ Coaching Tip ◆

- 비난이나 협박, 무시는 사범님에 대한 적대감을 키우고 자신에 대한 무능감을 키울 수 있다. 그 결과 수련 활동 자체를 피하거나 포기하게 만들 수 있다.

상황 2. 발차기를 연습하다 넘어졌는데, 다른 수련생들이 웃어 창피해 할 때

권장 코칭언어

기술 연습이 잘 안될 때

(수련생이 돌개 차기 연습을 하는데 회전하다가 넘어졌다. 다른 수련생들이 웃어서 창피해한다.)

사범님 : 넘어져서 아프겠다.

수련생 : 네. (창피해서 운다.)

사범님 : (가까이 다가가서) 아프기도 하고 부끄럽기도 해서 눈물이 나는구나.

수련생 : ….

사범님 : OO이가 잘하고 싶었는데 **친구들이 보는 앞에서 넘어져서 정말 속상하겠다. 지금은 못했지만, 다음에 잘하는 모습 보여주면 된단다.**

(웃었던 수련생들에게)

사범님 : **친구가 넘어졌을 때 웃으면 넘어진 친구가 민망하고 더 부끄러운 마음이 든답니다. 웃기보다는 힘을 주고 응원해줘야 그 친구가 다음에 더 잘하겠지요?**

수련생들 : 네

사범님 : 그럼 어떻게 할까요?

수련생들 : 네. OO야 **힘내 화이팅!**

사범님 : 친구들이 힘내서 다음에 더 잘하라고 응원하네요. 넘어진 것은 **좀 부끄러운 일일 수도 있지만 그래도 친구들이 응원해주니 다음엔 더 잘 할 거예요.**

수련생 : (울음을 그치며) 네.

사범님 : **(OO의 어깨나 등을 두드리며) 다시 기운 내서 연습해 봐야겠지요?**

수련생 : 네!

◆ Coaching Tip ◆

- 수련생이 울음을 터트리며 울음을 그치게 하려고 노력하기보다는 먼저 감정을 읽어주고 공감해주는 것이 울음을 그치게 하는데 더 효과적이다.
- 수련생들에게 다른 사람이 부끄러울 것 같은 일은 공감 적이고 지지적인 다른 긍정적인 방향으로 돌려주는 법을 가르친다.

상황 2. 발차기를 연습하다 넘어져 창피해 할 때

비권장 코칭언어

기술 연습이 잘 안될 때
사범님 : 그까짓 걸 두고 **뭘 울고 그래!** (감정 무시하기)
사범님 : 울지 마! **사범님이 잘못했어, 다음부턴 이거 안 시킬게.** (동정하기, 비위 맞추기)
사범님 : **뚝 그쳐! 안 그치면 혼나!** (명령하기)

◆ Coaching Tip ◆

- 수련생의 감정을 무시하고 창피를 주면 수치심이 들어 수련을 중도에 포기할 수 있다.
- 실수에 대해 공개적으로 혼을 내면 실패 공포가 커지고 자신감이 낮아진다. 자신에게 적합한 연습방법을 찾아 스스로 반복해서 연습하면 잘할 수 있다는 것을 알려준다.

도장 규칙 사례

- 누구나 할 수 있는 것이 실수라는 것을 알려주고, 다음에 하지 않는 것이 더 중요함을 설명해 줍니다.

(서울 성동구 경희대 효태권도장)

- 아이의 시선에서 바라봐주고 마음을 먼저 생각해주며 다독여주는 것이 1순위입니다.

(경남 창원 우림태권도장)

성취목표성향 achievement goal orientations

성취목표성향은 학습의 과정에서 배움에 목적을 두고, 스스로의 성취와 노력에 중점을 두는 과제지향과 타인과의 비교를 통해 우월감을 느끼는 것에 중점을 두는 자아지향으로 구분할 수 있다.

수련생이 실수하였을 때 태권도 사범님은 수련생이 스스로의 노력과 배움의 과정에 집중할 수 있도록 지도하는 것이 필요하다. 다른 수련생과 비교를 하게 되면 수련생은 자신감을 잃어버리게 되고, 결과적으로 도장에 나오는 것을 두려워하게 될 수 있다.

10 | 팀 수련 중 의견 다툼

원칙1. 중립적인 태도로 수련생 모두의 의견을 들어주고 부정적인 감정이 없앤 후 귀가 시킨다.

상황: 1) 짝을 거부할 때
　　　2) 짝과의 의견충돌 및 싸움

> 발차기가 불편했겠는데?
> ○○이가 원하는 것이
> 무엇인지 얘기해 봤나요?

◆ 코칭관점 ◆

- 짝과 함께 수련할 때에는 상대방을 배려해야 더 즐겁게 수련할 수 있다는 점을 교육한다. 동료 수련생과 갈등이 있을 때에는 불만의 원인을 찾는 데 집중하기보다는 짝과 협력해서 할 수 있는 방법을 찾는 데 집중한다.
- 수련생 간의 다툼을 중재할 때는 수련생 모두의 의견을 듣고 서로 사과하게 한다. 일관성 있는 규칙 적용으로 그에 따른 책임을 지게 한다.
- 수련생 간의 다툼을 중재할 때는 사범님의 감정이 드러나지 않도록 조심한다.

상황 1. 짝을 거부할 때

권장 코칭언어

짝 미트 차기 중에 짝을 바꿔달라고 할 때 (짝을 거부할 때)

(짝과 함께 수련할 때 지킬 사항을 미리 알려준다)

사범님 : 우리는 오늘 짝을 정해서 수련을 할 거예요. 짝과 같이 수련할 때는 내가 짝에게 마음을 써주면 짝이 기분이 좋아서 더 잘해주려고 할거에요. 그럼 우리 수련이 더 즐거워지겠지요? 내가 **어떻게 하면 내 짝이 더 편하게 수련할 수 있을까** 생각하면서 해봐요~

수련생 1 : 사범님, 저는 애랑 짝하기 싫어요.

사범님 : 어떤 이유로 짝을 하기 싫을까요?

수련생 1 : 애가 미트를 이상하게 잡아요.

사범님 : 그랬군요. **그럼 발차기가 불편할 수도 있겠네요! 그럼 ○○가 원하는 것이 무엇인지 얘기해 봤나요?**

수련생 1 : 아니요.

사범님 : 어떻게 얘기하면 좋을까요?

수련생 1 : 잘 모르겠어요.

사범님 : **그럼 짝에게 이렇게 말해보세요! '미트가 흔들리니까 불편해서 잘 찰 수가 없어, 흔들리지 않게 잡아주면 좋겠어!' 라고요.**

수련생 1 : (사범님이 말한 대로 똑같이 따라 말한다)

사범님 : (수련생1의 짝에게) **서로가 불편하지 않도록 도와가며 하는 것이 좋겠지요.**

수련생 1의 짝 : 네!

(간단하게 조언을 해주고 지나간다)

사범님 : **상대방이 불편하다고 느끼는 점을 고치면서 수련을 하면 모두에게 좋은 수련시간이 됩니다.** (말하고 지켜보며 지나간다)

(수련생 개인에게 대응하지 않고 비언어적인 메시지를 전달한다)

사범님 : (손으로 발언을 제지하고, 그 팀 **옆에 서서 서로 좀 더 최선을 다할 수 있도록 눈짓**으로 통제한다)

상황 1. 짝을 거부할 때

발차기가 불편했겠는데? ○○이가 원하는 것이 무엇인지 얘기해 봤나요?

◆ Coaching Tip ◆

- 짝과 함께 수련할 때에는 다툼이 일어날 것을 예상하고, 짝을 배려하는 것이 중요함을 미리 설명한다.
- 짝과 함께 수련할 때의 규칙으로 좋은 것:
  1. 짝을 마음대로 바꾸지 않고 정해준 대로 한다.
  2. 불편한 점은 "이렇게 해주면 좋겠어"라고 의견을 말하도록 한다.
  3. 의견이 받아들여지지 않으면 사범님께 도움을 요청한다("사범님, 여기 도와주세요.")
- 일일이 언어적으로 대응하기보다는 비언어적인 방법(가까이 다가가기, 손짓으로 신호주기, 눈짓으로 신호주기)이 더 효과적이기도 하다.

비권장 코칭언어

짝 미트 차기 중에 짝을 바꿔달라고 할 때 (짝을 거부할 때)
(수련생이 품새를 하다가 중단하고 그냥 서 있다)
사범님 : 알았어. **바꿔줄게!** (비위 맞추기)
사범님 : **(상대편에게)** 너 미트 **똑바로 잡아!** (명령하기)
사범님 : 안 돼, **그냥 해!** (감정 무시하기)

◆ Coaching Tip ◆

- 짝에 대한 불만을 사범님이 그대로 받아들여 짝을 바꾸어 주면 짝이 마음에 들지 않을 때마다 짝을 바꾸어 달라고 할 수 있다. 짝에 대한 불만을 이야기할 때에 처음에 제대로 반응을 해야 한다.
- 불만을 듣고 일방적으로 상대를 혼낼 경우 또 다른 불만을 일으킬 수 있다. 또한, 불만을 무시하고 그냥 넘어갈 경우 수련하는 동안 집중하기 어렵고, 짝에 대한 불만이 서로의 다툼으로 더 커질 수 있다.
- 불만의 원인을 찾는 데 집중하기보다는 짝과 협력해서 수련할 방법을 찾아주는 데 집중한다. 이러한 과정을 통해 상대에 대한 배려를 배우는 기회를 만든다.

상황 2. 짝과의 의견충돌 및 싸움

권장 코칭언어

겨루기 상황에서 짝과 거칠게 다투는 모습을 보일 때

사범님 : 그만하세요!(행동을 제지) 사범님이 보기에 둘 다 많이 화가 난 것 같은데, **무슨 일인지 누가 말해줄래요?**

수련생 1 : 제가 말할게요. (먼저 제안한 친구의 말을 먼저 듣는다.)

사범님 : 그래요, 어떻게 된 일인지 말해봐요.

수련생 1 : 사범님이 서로 때리지 말고 겨루기하라고 하셨는데, 얘가 먼저 저를 때렸어요. (이 아이가 말하는 중에 상대편 수련생이 나선다면 손으로 짝의 말을 중단시키거나, '얘가 이야기하고 나면 너한테도 말하는 시간을 줄게 기다려!' 하고 수련생1의 말을 끝까지 듣는다.) 그래서 저도 한 대 때렸는데 얘가 계속 때렸어요.

사범님: 그랬군요, 얘가 먼저 때린 것이 화가 나서 너도 때렸다는 거네요. (수련생2에게), **그럼 ○○이 입장에서 어떤 생각을 했는지 말해봐요.**

수련생 2 : 네, 그런데 저는 실수로 한 대 때렸는데 얘가 더 세게 때렸어요.

사범님 : 그럼 ○○이는 더 세게 맞았다고 생각하니까, 화가 났단 거네요!
(수련생1에게) △△는 짝이 먼저 때려서 화가 났고, (수련생2에게) ○○이는 짝을 실수로 때렸는데, 더 세게 때려서 화가 났다는 것이고, (두 수련생에게) 사범님 말이 맞나요?

수련생 1, 2 : 네.

사범님 : 그래요, 그럼 어떻게 해결하면 좋을까요?

수련생 1, 2 : 먼저 사과를 해야 해요. (둘이 서로 사과한다.)

사범님 : 그래요, 그럼 서로 잘 해결한 것 같네요! 사과하고 잘 해결되었지만, **수련시간에 둘이 다툰 것은 잘못한 일이에요. 그것에 대해서 반성하는 시간을 가지도록 합니다.** 두 친구 모두 벽을 보고서서 5분 동안 반성하고 오세요.

사범님 생각엔 먼저 실수했을 때 빨리 사과를 하거나, 짝이 실수했을 때 좀 더 넉넉한 마음으로 용서해 줄 수 있었다면 둘이 같이 벌 받는 일을 없었을 거라는 생각도 드네요! **두 사람 때문에 우리 수련이 중단되었으니 모두에게 사과하세요.**

수련생 1, 2 : 죄송해요(하고 벽으로 간다).

(수련 진행상 수련을 중지하기 어려운 경우)

사범님 : 그만해요! 둘 다 벽으로 가요! (하여 중지시키고 **생각할 시간을 가진 다음 다시 이야기**를 시작한다)

상황 2. 짝과의 의견충돌 및 싸움

(둘 중 한 명이 잘못이 없다고 사과하지 않는 경우)
사범님 : 그래요, OO이는 자신이 잘못하지 않았기 때문에 사과하고 싶지 않다는 거네요! OO이 지금 마음을 잘 알겠어요(라는 말로 넘어가며, 수련시간을 중단시킨 벌을 받는다. 사과하지 않는 아이에게 억지로 **사과를 시키는 것은 불만만 키울 뿐이다**).

◆ Coaching Tip ◆

- 다툼이 일어난 수련생 모두의 의견을 들어야 한다. 다툼이 일어난 수련생들의 의견을 들을 때에는 한 수련생의 이야기가 끝나기 전까지 다른 수련생이 끼어들지 않도록 한다. 수련생 간의 다툼을 중재할 때에는 사범님의 감정이 드러나지 않도록 조심한다.
- 다툼이 일어난 수련생들은 서로 사과한 후 그에 대한 책임을 지도록 한다. 즉, 다툼과 관련된 규칙을 사전에 만들고 다툼이 일어나면 일관성 있게 적용한다.
- 수련이 마무리된 후 "지금 기분은 어떠니?" 라는 말로 두 수련생에게 사건이 마무리되었음을 확인한 후 귀가시킨다.

비권장 코칭언어

겨루기 상황에서 짝과 거칠게 다투는 모습을 보일 때
사범님: 둘 다 이리와. **혼나야겠다.** (벌주기)
사범님: 둘이 싸운 거지? **너희 둘은 맨날 싸워.** 둘 다 벌 받아! (낙인찍기)
사범님: 얘가 실수로 그랬다는데 **그까짓 걸로 너도 때렸어?** (감정 무시하기)
사범님: **사범님이 보니까 네가 더 잘못 했네, 네가 먼저 사과해!** (판단하기, 편들기, 대신 해결해주기)

◆ Coaching Tip ◆

- 수련생의 잘못에 대해 '맨날', '자주', '항상', '또' 라는 말을 사용하지 않는다. 이러한 말은 수련생을 '항상 네가 문제야' 라는 뜻으로 낙인찍히는 단어이다.
- 잘못을 지적할 때에는 '이번에는', '오늘은', '지금은' 등의 일회성 단어를 사용한다.

도장 규칙 사례

- 자신의 의견과 남의 의견은 다를 수 있다는 사실과 이러한 차이가 사회의 발전에 원동력이었음을 이야기합니다.
- 자기 의견의 장점을 이야기해 보게 합니다.
- 다른 팀원 의견의 장점 들어보게 합니다.
- 서로의 의견 중 장점만을 칭찬해 보도록 합니다.
- 서로 한 발씩 양보해 보도록 하게 합니다.

(부산 사하구 강동체육관)

움발라 키키

캐나다의 스포츠심리학자 테리 올릭은 아동을 위한 생활 심리기술을 전파하는 것으로 유명하다. 긍정의 감정을 만드는 심리 전략을 다룬 그의 저서 『필링 그레이트』에 인상적인 수행 후 루틴이 나온다.

그가 남태평양에 있는 섬나라 파푸아뉴기니를 여행할 때의 일이다. 야자수 옆 공터에서 마을 아이들이 공놀이하는 장면을 유심히 살펴봤다. 시합이 끝나자 양 팀 아이들이 둥글게 모였다. 그러자 한 아이가 다른 아이의 어깨에 손을 얹고 무슨 말을 하는 것이었다. 그리고 옆 아이에게로 가서 차례대로 같은 동작을 반복했다.

모든 아이의 어깨에 손을 얹고 말을 하는 동작이 끝나자 그 아이는 공터 밖에 있는 큰 야자수로 다가갔다. 이번에는 야자수에 손을 얹고 주문을 외우는 것이 아닌가? 그리고 다시 모여 있는 아이들에게로 돌아가자 아이들은 얼굴에 밝은 표정을 하고 흩어져 집으로 가는 것이었다.

흥미로운 장면을 목격한 올릭 박사는 야자수 그늘에 앉아 있던 마을 노인에게 그 이유를 물었다. 알고 보니 시합 중에 생긴 나쁜 감정을 잊기 위한 의식을 하는 것이라고 했다. 대표 아이는 다른 아이의 어깨에 손을 얹고 '움발라 키키(Umbala kiki)'라고 주문을 외운다고 한다.

움발라 키키란 '나에게 다오(Give it to me)'라는 뜻이란다. 시합으로 인해 혹시라도 기분 나쁜 감정이 남아 있다면 나에게 달라는 주문이었다. 모든 아이로부터 나쁜 감정을 모은 대표 아이는 마지막으로 야자수에 나쁜 감정들을 전달한 것이었다.

시합을 끝낸 아이들이 모두 행복한 표정으로 일상으로 돌아갈 수 있었던 것은 움발라 키키라는 수행 후 루틴을 지킨 덕분이었다. 마을 어른들은 움발라 키키 전통이 수백 년 동안 이어져왔다는 설명도 곁들었다. 마음의 평화를 지키는 지혜가 담긴 루틴이었다.

출처: 김병준(2014). 강심장 트레이닝. 서울: 중앙북스.

11 | 반복 수련 소홀

원칙1. 결과보다는 노력과 향상 정도를 발견해서 칭찬한다.
원칙2. 노력을 많이 하고 이전보다 향상된 수련생을 찾아 격려한다.

상황: 1) 대충 빨리 해치우고 다했다고 할 때
      2) 숫자를 정확하게 세지 않았을 때(숫자를 속인 것 같다는 느낌이 들 때)

◆ 코칭관점 ◆

- 대부분의 수련생은 같은 동작을 반복적으로 연습하는 것을 지루해하고 힘들어한다. 사범님은 수련생들이 중간에 포기하지 않도록 성취해야 할 목표 횟수를 분명하게 제시하고, 목표를 성취할 수 있도록 동기를 이끌어낸다.
- 반복 동작을 할 때 가끔 수련생이 사범님을 속이기도 하며, 자신이 사범님을 속이면서도 그 사실을 인지하지 못할 때도 있다. 수련생이 사범님에게 거짓말을 하고 있다는 생각이 들더라도 사범님은 다른 수련생들 앞에서 거짓말쟁이라고 말하면 안 된다. 대신 사범님은 수련생을 신뢰하고 있다는 메시지를 꾸준히 전달한다.

상황 1. 대충 빨리 해치우고 다 했다고 할 때

권장 코칭언어

대충 빨리 해치우고 다했다고 할 때

사범님 : 지금부터 기본발차기를 각자 연습하는데, 모두 앞차기 10개, 옆차기 10개 시작해 볼까요?

(빨리 해치우고)

수련생 : 사범님 저 다했어요!

사범님 : **다했다고 생각하네요! 그런데 사범님이 보기엔 OO이가 발차기를 무릎도 펴지지 않고, 상단까지 올라가지도 않아서 다시 해야 할 것 같아요.**

수련생 : 다시 찰게요.

사범님 : OO이도 발차기를 제대로 하고자 하는 마음이 있군요. **그래요, 그럼 다시 정성껏 차볼까요? OO이는 자신의 부족함을 받아들이고 노력하는 친구네요!**

(수련생이 연습을 다시 시작한다.)

사범님 : **이번에는 이전하고는 확실히 달라졌어요!** 무릎도 펴지고 상단까지 힘차게 올라가고요, **금방 발전을 보였습니다.**

(전체적인 분위기가 발차기를 대충 차는 분위기라면, 전체 수련을 중단하고 다시 **연습방법을 좀 더 구체화**한 후 다시 시작한다)

사범님 : 발차기가 정성이 부족한 것 같네요, 모두 다시 시작하는 거예요! 숫자는 기합 대신 주변 수련생들에게 힘을 북돋아 줄 만큼 큰소리로 세어주고, 발끝을 보며, 무릎은 쭉 펴서 차는 높이는 머리끝까지, 발차기 다 끝날 때까지 정성을 다해서 차 볼 거예요. **숫자는 큰소리로, 발끝을 보고, 무릎은 쭉 펴서, 머리까지! 어떻게 차라고요?**

수련생 : 숫자는 큰소리로, 발끝을 보고, 무릎은 쭉 펴서, 머리까지요!

사범님 : 숫자는 큰소리로, 발끝을 보고, 무릎은 쭉 펴서, 머리까지 시작!

(수련생들이 다시 연습을 시작한다!)

사범님 : 오! 연습하는 눈빛들이 이전하고는 다른데요?

상황 1. 대충 빨리 해치우고 다 했다고 할 때

◆ Coaching Tip ◆

- 반복수련을 할 때 일부 수련생들은 숫자를 대충 세는 경우가 있다. 사전에 예방하기 위해 소리 내어 숫자 세기, 짝을 지어 서로 숫자 세어주기 등의 방법을 사용한다.
- 반복수련을 시작하기 전에 목표 횟수를 분명하게 전달하고 중간에 포기하지 않도록 동기 유발하고 격려한다.

비권장 코칭언어

대충 빨리 해치우고 다했다고 할 때
사범님 : 벌써 다했어? **대충 찬 거 아니냐?** (불필요한 질문)
사범님 : **그렇게 대충 차서 연습이 되겠어! 다시 해!** (비난하기, 명령하기)

◆ Coaching Tip ◆

- 반복수련에서 수련생이 거짓말을 하더라도 바로 핀잔을 주거나 비난을 하지 않는다. 사범님에게 핀잔과 비난을 받은 수련생은 반발심이 생겨 적극적으로 연습에 참여하지 않을 수 있다.

상황 2. 숫자를 정확하게 세지 않았을 때 (숫자를 속인 것 같다는 느낌이 들 때)

권장 코칭언어

숫자를 정확하게 세지 않았을 때(숫자를 속인 것 같다는 느낌이 들 때)

수련생 : 사범님 다 했어요.
사범님 : 그래요! 그런데 **사범님 생각엔 OO이가 숫자를 정확하게 세지 않은 것 같은데요! 몇 개 빠트린 것 같으니 정확하게 새면서 다시 해야 할 것 같아요.**
수련생 : 다시 찰게요.
사범님 : 그래요, 그럼 이번엔 정확하게 세면서 다시 해 봐요. OO이는 **자신의 잘못을 잘 받아들이는 친구네요!**

(정확하게 세었다고 한다면)
수련생 : 정말로 다 했어요.
사범님 : 그래? **네가 정확하게 세었다면 정환하게 센 거겠지! OO이가 이런 사소한 일로 사범님을 속일 친구는 아니야!**

◆ Coaching Tip ◆

- 수련생이 자신의 잘못을 인정하고 바로잡는 것을 자랑스럽게 생각하도록 유도한다.
- 사범님이 수련생이 잘못 센 것에 대해 객관적 확신이 없다면 말을 하면 안 된다.
- 수련생의 속임수에 넘어가면 안 된다. 그러면 다음에도 같은 행동이 반복된다.
- 수련생이 자신의 잘못을 뉘우칠 수 있도록 시간을 주고 사범님이 수련생을 신뢰하고 있다는 메시지를 준다.

비권장 코칭언어

숫자를 정확하게 세지 않았을 때(숫자를 속인 것 같다는 느낌이 들 때)

수련생 : 사범님 다 했어요.
사범님 : 너 **거짓말이지!**
수련생 : 진짜로 다 했는데요.
사범님 : **사범님이 직접 봤는데 너 다 안 했잖아!**
수련생 : 진짜로 다했단 말이에요.
사범님 : 이 녀석이 **사범님 눈을 똑바로 보고 거짓말을 하네, 이리와 이 녀석 너는 혼 좀 나야 해!** (논쟁하기, 낙인찍기, 비난하기)

◆ Coaching Tip ◆

- 사범님을 속였다는 느낌이 들더라도 다른 수련생들 앞에서 거짓말쟁이라고 낙인찍는 것은 삼간다.
- 수련생이 잘못을 인정하지 않더라도, '이번만이 기회가 아니다.'라고 상기하며 신뢰를 하고 있다는 기대의 메시지를 인내심을 갖고 전달한다.

도장 규칙 사례

- 장기기억의 원리에 대해 설명하며, 몸 사용도 근육의 기억과 관련된 것이 반복운동이라는 사실을 이야기 합니다.
- 내가 원하는 모습을 이루려면 반복을 통한 노력이 무엇보다 중요함을 이야기합니다.

(부산 사하구 강동체육관)

동기 분위기 motivational climate

동기 형성은 개인이 가진 성취목표의 성향도 중요한 역할을 하지만 개인이 자신이 처해 있는 환경을 어떻게 인식하는가에 더 많은 영향을 받는다. 개인이 자신이 속해 있는 환경을 어떻게 인식하는가를 동기 분위기라고 한다. 동기 분위기는 스스로 조성하는 게 아니라 제 3자가 수련 분위기를 조성해주는 것을 의미한다. 동기 분위기는 '숙련 분위기'와 '수행분위기'로 나뉘는데, 숙련 분위기는 스스로 노력하고 경험을 통해 하나 배웠다는 걸 지향, 그것이 성공이라 믿는 분위기를 의미한다. 반대로 수행분위기는 '남을 이겨야 한다.'는 경쟁심을 유발하는 분위기를 조성시키는 것을 의미한다.

동기유발 측면에서 수행 분위기보다 숙련 분위기가 더 바람직하다. 이에 사범님들은 수련 분위기를 숙련 분위기를 조성하기 위해 노력해야 한다. 숙련 분위기 만들기 위한 효과적인 전략으로 영문 첫 글자를 모아 만든 TARGET 등이 있다(이론적 근거 10 TARGET 참조)

- 과제 Task: 개인별 과제, 적당히 어려운 과제, 다양한 과제를 제시한다.
- 결정권한 Authority: 학생에게 의사결정의 기회를 준다.
- 인정 Recognition: 학생을 자주 인정해 준다.
- 집단편성 Grouping: 다양한 방식으로 집단편성을 한다.
- 평가 Evaluation: 노력과 향상도를 평가에 반영한다.
- 시간 Timing: 개인별로 충분한 연습 시간을 준다.

12 | 돌발행동

원칙1. 예상되는 돌발행동에 대한 규칙을 미리 정하고 알려준다.
원칙2. 규칙 위반에 대해 처벌을 하기 보다는 잘 지킨 행동을 찾아 칭찬을 자주 한다.

상황: 1) 수련생이 자신이 하고 싶은 말을 아무 때나 할 때
      2) 수련 중 자주 화장실에 가려고 하거나, 물이 마시고 싶다고 할 때

◆ 코칭관점 ◆

- 수련 방해 행동을 사전에 예방할 수 있는 도장 수련 규칙을 마련하는 것이 반드시 필요하다. 특히 수련생의 돌발행동으로 수련 활동이 방해되는 경우가 자주 발생한다. 수련생의 돌발행동이 반복되지 않도록 도장 규칙을 정하고 수련생을 교육한다. 돌발행동이 일어나면 도장 규칙을 일관성 있게 적용한다.
- 어린 수련생이나 성격이 소심한 수련생의 경우 도장 규칙을 너무 엄격하게 적용하게 되면 수련 자체를 피하게 될 수 있다. 이때 사범님은 수련에 방해되지 않는 범위 내에서 수련생의 건강상태나 컨디션에 따라 수련 규칙을 융통성 있게 적용한다.
- 수련활동이 지루하거나 어려운 과제를 수행할 때 수련생의 돌발행동이 자주 발생하는 경향이 있다. 수련생이 흥미를 갖고 수련할 수 있도록 수련내용과 방법에 변화를 주어 지도한다.

상황 1. 수련생이 자신이 하고 싶은 말을 아무 때나 할 때

권장 코칭언어

수련생이 자신이 하고 싶은 말을 아무 때나 할 때

(사범님이 동작을 설명하는데 중간에 수련생이 끼어들며 말한다.)

사범님 : 호신술은…. (중략) 자기 자신을 지키려면….

(끼어들며)

수련생 : 저번에 제가….

 (사범님은 **중간에 제지**한다)

사범님 : **수련시간에 할 말이 있을 땐 손들고 허락을 얻어서 해야지요.**

수련생 : (손은 든다.)

사범님 : **사범님이 설명하고 있는 호신술하고 관련 있는 중요한 이야기인가요?**

수련생 : 아니요.

사범님 : 그럼 **그 얘기는 다음에 하죠!**

수련생 : 사범님 저는….

(사범님은 손을 들어 '쉿' 흉내로 제지하고 설명을 계속한다.)

(사범님은 하던 얘기를 계속하는데 다른 말로 또 끼어든다.)

수련생 : 제가 저번에요.

사범님 : **사범님 말씀 중에 끼어드니까, 사범님이 설명하기가 어렵네요! 사범님 말씀하실 땐 끝까지 들어주면 좋겠어요.**

○○이가 계속 끼어들면 나는 ○○이를 밖으로 내보낼 수밖에 없어요.

◆ Coaching Tip ◆

- 사범님이 수련 중 일어날 수 있는 돌발행동에 대한 규칙을 미리 만들고 수련생에게 설명한다.
- 수련 중 하고 싶은 말이 있을 때는 사범님의 설명을 끝까지 듣고 난 후에 손을 들어 사범님의 허락을 받고 질문한다.
- 수련생이 예상하지 못한 일(예, 화장실이 급할 때 등)로 사범님이 말하는 도중에 끼어들 수 있다. 사범님은 수련생의 이야기를 무조건 막지 말고 어떤 이야기를 하는지 주의 깊게 살펴보는 통찰력이 필요하다.

상황 1. 수련생이 자신이 하고 싶은 말을 아무 때나 할 때

비권장 코칭언어

수련생이 자신이 하고 싶은 말을 아무 때나 할 때

사범님 : (친절하게) **왜? 할 말이 있어?** (하고 끝까지 들어주고 난 뒤) 응, 그래 알았어~ (불필요한 질문하기, 비위 맞추기)

사범님 : 사범님이 **조용히 하라 그랬지! 넌 왜 자꾸 그러는 거야!** (비난하기)

사범님 : **시끄러워! 조용히 해!** (명령하기)

◆ Coaching Tip ◆

- 사범님이 설명할 때 끼어드는 수련생의 말을 다 받아주면 다른 수련생들도 영향을 받아 수업 분위기 산만해질 수 있다.
- 개인적으로 필요한 이야기는 수련이 끝난 후에 별도로 이야기할 수 있도록 한다.

상황 2. 수련 중 자주 화장실에 가려고 하거나, 물이 마시고 싶다고 할 때

권장 코칭언어

수련 중 자주 화장실에 가려고 할 때

수련생 : 사범님, 화장실 가고 싶어요.

사범님 : 급한가요?

수련생 : 네.

사범님 : 그래요, 다녀와요.

(수련생이 화장실 다녀온 후)

사범님 : ○○이, 오늘 수련시간 전에 화장실 다녀왔나요?

수련생 : 아니요.

사범님 : 수련 중에 화장실에 다녀오니 수련 흐름이 끊기는 것 같네요. 다음부터는 **수련 준비할 때 미리 다녀오도록 해요.**

(수련 중 화장실에 다녀오는 일이 자주 있을 경우에는)

사범님 : **수련시간 전에 화장실에 다녀오는 것은 우리 약속이에요! 사범님은 ○○이가 약속을 지키기 위해 노력하는 모습을 보여주면 좋겠네요.**

수련생 : 네.

물이 마시고 싶다고 할 때

수련생 : 사범님, 물 마시러 다녀와도 될까요?

사범님 : **○○이가 목이 마른가 보네요, 그런데 우리는 수련 시작 전과 후에 물을 마시도록 하는 약속이 있으니 참아보길 바랍니다. 그러나 지금 목이 너무 말라서 수련시간에 집중하기 어렵다면 오늘 특별히 한 번만 허락할게요. 다음부터는 규칙을 지켜야 합니다.**

상황 2. 수련 중 자주 화장실에 가려고 하거나, 물이 마시고 싶다고 할 때

◆ Coaching Tip ◆

- 화장실 다녀오기와 물 마시기 등은 수련 3분 전에 모두 마치고 3분 전에는 수련을 준비하는 규칙을 정한다.
- 건강에 문제가 있어 자주 화장실을 가야 하는 경우 다른 수련생에게 특별한 경우임을 알려줘야 한다.

비권장 코칭언어

수련 중 자주 화장실에 가려고 할 때

사범님 : **급하니?** 갔다 와. (불필요한 질문하기)

사범님 : ○○이가 **쉬가 마려운가 보네, 갔다 와, 갔다 와.** (비위 맞추기)

사범님 : **미리 가라고 몇 번이나 말했어!** (처벌적 지도)

사범님 : 넌 수련시간에 **너무 자주 화장실을 가는 거 아니냐?** (비난하기)

사범님 : 안 돼! **참아!** (명령하기)

◆ Coaching Tip ◆

- 미리 정해진 규칙임을 인식시켜주는 것이 중요하다. 수련생의 건강상태나 그 날 컨디션에 따라 조율이 필요하며, 융통성 있는 지도가 되도록 유의한다.

도장 규칙 사례

- 다른 아이들이 돌발행동을 하는 아이에 대한 관심을 가지지 않도록 합니다.
- 돌발행동을 하는 아이는 불통자리에 앉아서 자신의 행동에 대해 생각해 봅니다.
- 수련 후 자신의 모습이 다른 분들에게 어떠한 모습으로 비춰졌을지 이야기 해보고, 상황이 벌어지게 된 감정에 대해 공감하며, 어울림에 대해 이야기 합니다.

(부산 사하구 강동체육관)

13 | 실패에 대한 두려움

원칙1. 결과보다는 도전하고 노력하는 과정을 중시하는 메시지를 준다.
원칙2. 실수나 탈락도 도전하고 노력하는 증거라는 점을 알려준다.

상황: 1) 대회 출전 등의 도전을 두려워할 때
　　　2) 점프운동이나 회전운동 등의 어려운 동작은 따라 하지 않으려고 할 때

◆ 코칭관점 ◆

- 자신의 실력이 외부로 드러나는 태권도의 특성상 주변의 평가나 시선 때문에 실패에 대한 두려움이 생길 수 있다. 사범님은 결과보다는 과정(예, 최선을 다했는지, 이전보다 얼마나 향상되었는지 등)에 의미를 부여한다.
- 자신감이 떨어진 수련생에게 사범님은 수련생의 장점을 찾아 부각해주고, 도전하여 성공했을 때의 희열감과 성취감을 미리 상상하게 하는 등 언어적으로 설득하는 것이 중요하다.
- 수련생이 어려운 동작을 못 하거나 실패할 때에는 수련생의 무능력을 암시하는 말보다는 잠재력을 이끌어낼 수 있는 긍정적 피드백을 제공한다.

상황 1. 대회 출전 등의 도전을 두려워할 때

권장 코칭언어

대회 접수를 끝내고도 대회에 나가기 싫다고 할 때

수련생 : 사범님, 저 이번 대회 안 나갈래요.

사범님 : **무엇 때문에 그런 생각을 한 걸까요?**

수련생 : 그냥요, 나가기 싫어요.

사범님 : 그렇군요! 대회 접수할 땐 기꺼이 도전하겠다는 마음으로 준비하는 것 같았는데 무엇 때문에 나가기 싫어졌을까요?

수련생 : ….

사범님 : 대회에 나가고 안 나가고는 네 마음대로 할 수 있어요! **그렇지만 사범님에게 네 진짜 마음을 솔직하게 말해주면 OO이를 좀 더 마음 편하게 도와줄 수 있을 것 같아요. 무슨 이유로 안 나가고 싶은지 말해 주면 좋겠어요. 혹시 잘 안 될까 봐 걱정하는 마음 때문에 그런 거예요?**

수련생 : 네.

사범님 : OO이는 이번 대회에서 금메달도 따고 싶고 사람들 앞에서 멋진 모습 보여주고 싶은 생각도 있었나 보네요!

수련생 : 네

사범님 : **그렇지요. 뭔가 새로운 일에 도전할 때 정말 잘하고 싶은 마음에만 집착하면 걱정이 커집니다. 사범님은 이번 대회에서 금메달보다 걱정하는 마음을 이겨내는 연습을 하고 오면 좋겠어요. 사범님은 금메달보다 자기 마음을 이겨내는 것이 훨씬 더 중요하다고 생각해요. 언젠가는 대회에 또 도전하게 될 텐데, 이번에 용기를 연습하면 다음 대회에는 걱정 없이 잘 나갈 수 있을 것 같아요.**
조금 더 생각해 보고, OO이가 스스로 결정해 봐요~

(대회에 나가기로 결정했다면)

사범님 : OO이가 **이번엔 큰 용기를 냈네요. 훌륭합니다.** 끝까지 최선을 다해보고, OO이 **목표는 금메달이 아니라, OO이가 가진 실력을 최선을 다해 발휘해 보는 거예요! 파이팅!**

(대회에 나가지 않기로 결정했다면)

사범님 : OO이가 나가지 않기로 결정했군요! **OO이도 마음이 편하지는 않을 것 같네요! 아직 준비되지 않았다고 생각한 거지요! 그래요! 조금 더 준비해서 다음번에 다시 용기를 내어봐요!**

상황 1. 대회 출전 등의 도전을 두려워할 때

(남의 시선을 의식하기보다는 자신의 향상이 중요함을 설명한다)

사범님 : **태권도 수련은 현재 잘하는가, 못하는가, 누구보다 잘하는가보다는 앞으로 어떻게 발전할 것인가가 중요해요.** 우리는 태권도를 수련하는 동안 계속 실력이 좋아질 것이니까요! 사범님은 현재 잘하는 수련생들보다 **날마다 조금씩이라도 발전하는 친구들이 더 훌륭해 보여요.**

◆ Coaching Tip ◆

- 수련생이 다른 수련생과 비교하거나 다른 수련생의 시선에 개의치 않고 수련에 참여할 수 있도록 교육한다.
- 시합을 앞두고 막연한 불안감 때문에 자신감이 위축될 수 있다. 사범님이 언어적인 설득으로 수련생의 자신감을 회복시킨다.

비권장 코칭언어

대회 접수를 끝내고도 대회에 나가기 싫다고 할 때

사범님 : **안 돼, 나가야 해! 접수했으니 나가!** (명령하기)

사범님 : 그런 게 어디 있어, 겁나서 그러지! **그까짓 게 뭐 겁난다고 그래!** (비난하기)

사범님 : 알았어, 안 나가도 돼. **나가기 싫으면 나가지 마.** (비위 맞추기)

◆ Coaching Tip ◆

- 명령적인 말은 사범님과 수련생 간의 소통을 방해하고 수련생의 동기를 위축시킨다.
- 실패를 두려워하는 수련생들은 막연한 불안감에 의해 일시적으로 자신감이 낮아지고 위축된다. 이들에게 비난은 더 큰 좌절감을 준다.
- 자신감이 떨어진 수련생에게 사범님은 수련생의 장점을 찾아 부각해주고, 도전하여 성공했을 때의 희열감과 성취감을 상상하게 하는 등 언어적으로 설득하는 것이 중요하다.

상황 2. 점프운동이나 회전운동 등의 어려운 동작은 따라하지 않으려 할 때

권장 코칭언어

점프운동이나 회전운동 등의 어려운 동작은 따라 하지 않으려고 할 때

수련생 : 사범님 저 못하겠어요.

사범님 : 그래요? **이 동작이 어려워서 그런가요?**

수련생 : 네, 저는 잘 못하겠어요.

사범님 : 그러게요, **네 생각엔 좀 어려운 동작인가 보네요!** 이 동작을 몇 번 밖에(처음 해본다는) 해보지 않았다는 거지요? **처음엔 누구나 서툴러요, 그렇지만 네가 해보려고 노력한다면 훨씬 더 빨리 좋아질 거예요, 힘을 내서 해봐! 사범님이 응원해 줄게요! 파이팅!**

(기초 동작부터 천천히 세부적으로 가르친다.)

사범님 : 이렇게 한 번 해봐요.

사범님 : 처음엔 누구나 그래요.

◆ Coaching Tip ◆

- 낮은 단계의 과제를 성공하게 해 점진적으로 높은 단계로 학습하게 한다.
- 사범님은 수련생의 장점을 칭찬해주고, 낮은 단계부터 도전하여 성공할 수 있다는 자신감을 심어준다.

상황 2. 점프운동이나 회전운동 등의 어려운 동작은 따라하지 않으려 할 때

비권장 코칭언어

점프운동이나 회전운동 등의 어려운 동작은 따라 하지 않으려고 할 때

사범님 : 이거 쉬운 거야! **다음에 더 어려운 것도 해야 하는데 이것도 못하면 어떡해!** (비난하기)

사범님 : 그래, **못하겠으면 쉬어!** (비위 맞추기)

사범님 : **6살짜리도 한다, 이까짓 걸 못해!** (무시하기)

사범님 : **하라면 해!** (명령하기)

◆ Coaching Tip ◆

- 어려운 동작을 지도할 때에는 수련생의 연령과 수준을 고려한다.
- 무시하거나 비난을 하게 되면 수련생의 자기존중감에 부정적인 영향을 미칠 수 있으므로 주의한다.

도장 규칙 사례

- 누구나 처음부터 성공시킬 수 없다는 것을 알려줍니다.
- 성공보다 중요한 것은 도전하는 것이며, 적절한 단계를 설정하여 자신감을 심어주는 게 중요합니다.

(전북 익산 송암태권도)

- 실패는 인정 및 지지가 부족한 현상이 그대로 반영 되는 것이므로 적극적 지지를 해 줌으로써 실패의 두려움보다 재도전 할 수 있도록 합니다.

(경남 창원 우림태권도장)

- 실패가 두려워 도전하지 않는다면 아무것도 얻을 수 없음을 다양한 예를 통해 이야기 합니다(칼이 만들어 지는 원리, 에디슨의 전구, 링컨 대통령 등).
- 실패에 대한 두려운 생각만으로 행동하지 않으면 어떠한 결과도 얻을 수 없고, 또한 실패에 대한 두려움이 나를 좀 더 성공하기 위한 에너지가 됨을 이야기합니다.

(부산 사하구 강동체육관)

14 | 칭찬과 격려

원칙1. 노력과 향상을 강조한다.

상황: 1) 칭찬과 격려가 필요할 때

◆ 코칭관점 ◆

- 칭찬은 눈에 보이는 구체적인 동작을 읽어주는 것으로 과정, 노력, 향상에 대하여 말해주는 것이다. 구체적 칭찬을 통하여 과정, 노력, 향상을 중요하게 다루면 그것은 격려의 메시지를 동반하여 내적동기를 높여주고 자존감과 자기효능감을 높일 수 있다.
- 평가적인 칭찬은 장기적으로 수련생의 내적동기를 떨어뜨리고 주변의 평가를 의식하여 더 어려운 과제에 도전하지 않게 한다.

상황 1. **칭찬과 격려가 필요할 때**

권장 코칭언어

품새를 실수하지 않고 끝까지 해냈을 때
사범님: **주먹을 꼭 쥐고 끝까지 집중했네요!**
　　　　주먹을 힘차게 뻗어서 품새를 하네요!
　　　　저번 할 때보다 힘이 더 좋아졌네요!
　　　　실수하지 않고 끝까지 해내서 기분이 좋아 보이네요!

휴게실 장난감을 정리했을 때
사범님: **장난감을 혼자서 모두 다 바구니에 담았네요!**
　　　　장난감을 말끔하게 정리했네요!
　　　　장난감이 잘 정리되어 있으니 사범님 기분이 아주 좋아요!

다른 친구들이 비틀거리며 차던 발차기를 중심을 잡고 잘 버텼을 때
사범님: **축에 힘을 주고 중심을 잘 잡았네요!**
　　　　발차기가 쭉 뻗어 올라가네요!
　　　　무릎을 잘 접어서 들어 올렸네요!
　　　　저번보다 발차기 힘이 좋아진 것 같네요!
　　　　이번엔 비틀거리지 않는군요!

수련생 전체가 수련 분위기가 좋을 때
사범님: **여러분들이 모두 열심히 하니까 사범님은 자랑스러워요!**
　　　　모두 다 열심히 해주니 사범님이 힘이 나네요!
　　　　몇 명이 기합을 크게 넣으니 다른 친구들도 힘을 내서 하네요!

상황 1. 칭찬과 격려가 필요할 때

칭찬의 원칙으로 좋은 것들 :
1) 동작을 잘한 것에 대해 구체적으로 즉시 칭찬해준다.
2) 노력과 향상에 대해 칭찬해준다.
3) 언어적, 비언어적(엄지 세워주기, 고개 끄덕여주기, 하이파이브하기 등) 방법으로 칭찬해준다.

칭찬의 방법으로 좋은 것들 :
1) 수련생이 잘한 행동을 사범님이 본 대로 표현한다(주먹을 힘차게 뻗었구나, 발을 끝까지 뻗었구나 등).
2) 수련생이 잘한 행동에 대해 사범님이 느낀 대로 표현한다(OO이가 돌려차기 잘하니까 멋진데! 등).

비권장 코칭언어

(무조건적 칭찬의 예)
사범님 : <u>너는 참 똑똑하구나!</u>(평가적인 칭찬)
사범님 : <u>너는 참 착하구나!</u> (인격에 대한 평가)
사범님 : <u>네가 제일 잘했어.</u> (타인과의 비교, 우월 암시)
사범님 : <u>너 정말 운동신경이 좋구나!</u> (평가적인 칭찬)
사범님 : <u>흰 띠가 어떻게 그렇게 잘해?</u> (과장된 칭찬)
사범님 : <u>너는 정말 품새를 잘하는구나!</u>(평가적인 칭찬)

◆ Coaching Tip ◆

- 평가적인 칭찬은 지금 현재의 기분을 좋게 할 수는 있으나, 장기적으로 수련생의 내적 동기를 떨어뜨리고 주변의 평가를 두려워한 나머지 어려운 과제수행에 대한 도전을 제한하게 한다.
- 구체적 칭찬이란 수련생의 행동을 눈여겨보고 동작을 바르게 한 것에 대해 한두 마디로 요약하여 말하는 것이다.

도장 규칙 사례

- 칭찬 : 사소한 것에도 구체적이고 즉각적으로 칭찬하여 사기를 높여주도록 합니다.
- 칭찬 스티커를 활용하여 지속적으로 변화할 수 있도록 지도합니다.
    - 규칙상황을 잘 이해하고 따를 때
    - 다른 이의 부족하거나 못하는 것을 친절히 도와주고 앞장설 때
    - 소란한 상황에서도 자신의 위치와 할 일을 챙겨서 할 때
    - 스스로 할 일을 미루지 않고 해 나갈 때
- 격려
    - 실패를 했을 때는 노력에 대해서 크게 칭찬하며, 결과보다 더욱 값지고 기쁘다는 생각이 들도록 격려합니다.

(부산 사하구 강동체육관)

- 칭찬과 격려할 일이 있다면 다른 아이들 앞에서 박수를 받을 수 있게 공개적으로 칭찬해 줍니다.

(서울 성동구 경희대 효태권도장)

자기효능감 self – efficacy

자기효능감이란 일반적인 상황에서 성공 믿음을 의미하는 자신감과 달리 특정 상황에서 개인의 능력을 고려하여 과제를 성공적으로 달성할 수 있다는 특정 상황에 대한 자신감을 의미한다. 수련생의 올바른 행동에 적절한 방법으로 칭찬하게 되면 수련생의 자기효능감 향상에 긍정적인 영향을 줄 수 있다.

경쟁의 바람직한 활용

원칙1. 경쟁을 통해 팀원들이 집중하고 더 노력할 수 있다는 점을 강조한다.
원칙2. 경쟁에서 이기는 것 보다 협동과 노력을 중시한다.

상황: 1) 단체경쟁에서 팀원을 비난할 때
      2) 경쟁상황에서의 보상

◆ 코칭관점 ◆

- 경쟁은 태권도 기량 향상을 위해서 반드시 필요하다. 결과를 볼 때 남과 비교해서 잘했는가가 아니라 자신의 노력과 향상도가 기준이 되어야 한다. 수련할 때 노력과 향상도를 꾸준하게 강조해야 한다.
- 지금의 수련은 기술의 숙련도를 평가하는 것이 아니라 팀원끼리 얼마나 잘 협동하는가를 보기 위함이다. 상대방과의 승패에 연연하지 않고, 팀원의 노력과 향상도에 집중해야 한다.
- 수련결과에 보상을 제시하면 수련생들은 승패의 결과에 집중하게 되어 부정적인 영향을 미칠 수 있다. 외적인 보상을 줄 때에는 예고하면 보상이 행동을 통제하게 되어 내적동기를 떨어지게 한다. 외적보상을 통제의 목적으로 사용해서는 안 된다.

상황 1. 단체경쟁에서 팀원을 비난할 때

권장 코칭언어

단체 품새 경쟁에서 잘 못하는 우리 팀원을 비난할 때

사범님 : 오늘은 서로 팀을 이루어 단체 품새를 연습하고 팀워크가 좋은 팀이 승리하는 게임을 할 거예요. (팀원을 정한 후) 자! 연습을 시작할게요~

(한 팀이 수련을 이어가지 못하고 한 사람을 비난하고 있다.)

사범님 : 여기 팀은 뭐가 잘 안 되나 보네요?

수련생 : 네. ○○이 때문에 못하겠어요. 다른 팀은 다들 잘 는데 우리 팀은 망했어요.

사범님 : △△이는 이기고 싶은데 팀이 질 것 같아 속상하다는 거지요?

수련생 : ○○이가 너무 못해요.

사범님 : **팀 경기에서 잘하고 못 하는 것은 없어요. 잘 맞는지 아닌지가 승리요건이에요.** 그럼, 여러분 팀이 어떻게 하면 품새를 잘 맞출 수 있을까요?

수련생 : (서로 말없이 쳐다본다)

사범님 : **빠른 친구는 느리게, 느린 친구는 빠르게 하면 잘 맞출 수 있을거예요.**

(연습시간이 끝나고 각 팀의 단체 품새를 시행한 후)

사범님 : 오늘 품새 연습을 시작할 때보다 가장 많이 발전한 팀이 어느 팀 같은지 여러분의 의견을 말해보세요.

(각자 수련생의 의견을 다양하게 듣고 난 후)

사범님 : 사범님 생각에는 오늘 가장 많이 발전한 팀은 연습을 시작할 때는 서로 맞지 않아서 속상해하기도 했었는데 연습방법을 찾아서 가장 많이 발전한 팀, 승리 팀은 ○○이 팀이에요.

상황 1. 단체경쟁에서 팀원을 비난할 때

◆ Coaching Tip ◆

- 팀은 수련생의 수준과 학년, 성별, 성격 등을 고려하여 구성한다.
- 활동 중 발생할 수 있는 갈등을 예측하고 수련과정을 주의 깊게 지켜본다.
- 지금의 수련은 기술의 숙련도를 평가하는 것이 아니라 팀원끼리 얼마나 잘 협동하는가를 보기 위함이다. 상대방과의 승패에 연연하지 않고, 팀원의 노력과 향상도에 집중해야 한다.

비권장 코칭언어

단체 품새 경쟁에서 잘 못하는 우리 팀원을 비난할 때

사범님 : **너희 팀이니까 알아서 해!** (감정 무시하기, 명령하기)

사범님 : **네가 그렇게 말하면 쟤는 뭐가 되느냐?** (피상적인 편들기)

사범님 : **질 것 같으면 그냥 포기하던가! 이긴 팀이 최고지** (경쟁만 강조)

사범님 : **이긴 팀 일어나 봐! 이긴 팀은 먼저 집에 간다.** (경쟁 분위기 조장)

◆ Coaching Tip ◆

- 감정 무시하기, 명령하기, 피상적인 편들기, 경쟁만 강조하는 분위기는 수련생들의 자기 주도 수련을 방해한다.

상황 2. 경쟁상황에서의 보상

권장 코칭언어

경쟁상황에서의 보상
(○○가 자신보다 실력이 더 나은 △△와 경기를 하게 되었다.)

사범님 : ○○아! 겨루기 준비됐나요?

수련생 : (머뭇거리면서) 아니요. △△가 너무 잘해서 겨루기하기 싫어요. 전 절대 이길 수가 없을 것 같아요.

사범님 : 그래요! △△에게 질 것 같아 걱정되는군요. **아직은 실력이 부족한데 무조건 이기려고만 하면 걱정이 앞서지요.** 하지만 **오늘 겨루기는 ○○이가 가지고 있는 실력을 다 발휘하는 것이 목적이라고 생각해 보세요.** ○○이가 최선을 다한다면 몇 점 정도 낼 수 있을 것 같아요?

수련생 : 3점 정도는 낼 수 있을 것 같습니다.

사범님 : 그래요, 마음 단단히 먹고 열심히 해봐요!

(사범님은 ○○이가 목표를 달성할 수 있도록 보이지 않게 도와준다. 경기결과 점수는 5대3으로 ○○이가 △△에게 졌다.)

사범님 : 오늘 경기결과에서는 5대3으로 △△가 이겼네요. 그래도 ○○이도 **오늘 자신이 목표한 점수, 3점을 확실히 달성했으니 ○○이도 이긴 거네요!** 쉽지 않았을 텐데 용기를 내서 목표를 달성한 ○○이에게 칭찬 스티커!!(사범님이 스티커를 준다)

상황 2. 경쟁상황에서의 보상

◆ Coaching Tip ◆

- 결과 중심 평가는 노력에 집중하기 어렵게 하고, 어려운 과제에 대한 도전을 제한한다.
- 성공 여부를 판가름할 때에는 수련생 자신의 노력과 향상도가 기준이 되어야 한다.
- 수련결과에 보상을 제시하면 수련생들은 승패의 결과에 집중하게 되어 부정적인 영향을 미칠 수 있다.
- 외적인 보상을 줄 때에는 예고하면 보상이 행동을 통제하게 되어 내적동기를 떨어지게 한다.

비권장 코칭언어

경쟁상황에서의 보상

사범님 : **오늘 한 번만 하면 다음부터는 절대 안 시킬게.** (거짓 유혹하기)
사범님 : **야! 쫄지 말고 그냥 해봐! 이기면 칭찬 스티커 줄 게!** (보상으로 통제하기)
사범님 : **이긴 사람 손 들어 봐! 진 사람이 박수 쳐주기!** (경쟁 분위기 조장)

◆ Coaching Tip ◆

- 외적 보상은 내적동기를 만들기 위한 수단으로 특별한 경우 제한적으로 사용할 수 있다.
- 보상을 통제의 수단으로 사용하면 수련에 대해 압력이나 부담감을 느껴 자율성이 떨어지고 즐거움이 낮아진다.
- 잦은 외적 보상은 수련생들을 조건 행동 강화로 이어질 수 있어, 사용에 주의가 필요하다.
- *외적보상으로 내적동기를 통제한 키다리 아저씨(집 마당에 놀러온 아이들을 내쫓기 위해 돈을 주다가 점점 주지 않게 되자 아이들이 놀러 오지 않게 되었다는 이야기)

도장 규칙 사례

- 수련도중 줄별 질서, 열정을 보고 점수를 주어 경쟁을 하게합니다.
  (서울 성동구 경희대 효태권도장)

- 경쟁은 다른 사람을 이기기 위한 행동이 아니라 다른 사람과의 경쟁을 통해 자신의 능력을 더욱 활용할 수 있게 해 주는 것임을 알려줍니다.
  (전북 익산 송암태권도)

- 욕심이 있고 부러움이 있어야 사람의 발전이 있지만, 이러한 경쟁이 남을 모함해서는 얻을 수 없고, 오직 노력을 통해서 이루어 질 수 있다는 생각을 하게합니다.
- 자신보다 어리거나 약한 아이에게 좀 더 유리한 조건을 주어 경쟁의 재미를 느끼게 합니다.
- 잘하는 친구들이 얼마나 많은 시간을 투자하고 노력했는지 알아보도록 합니다.
- 도장이벤트 자체 대회를 통해 서로 경쟁하게 하여 실력을 향상시킵니다.
  (격파대회, 품새대회, 기본자세 대회, 발차기 대회, 음악품새 대회, 겨루기 스텝대회)
  (부산 사하구 강동체육관)

키다리 아저씨 이야기

어느 노인이 조용히 살고 있는 동네에 매일 오후만 되면 동네 꼬마들이 나와 시끄럽게 떠들면서 놀았다. 어느 날 너무나 시끄러워서 견딜 수가 없게 되자 노인은 꼬마들을 집 안으로 불러들였다. 노인은 "너희가 즐겁게 노는 소리를 듣고 싶지만, 귀가 잘 안 들려 들을 수가 없으니 매일 우리 집 앞에 와서 더욱 큰 소리로 떠들면서 놀아줄 수 없겠니?"라고 말하였다. 만약 그렇게 해 준다면 한사람에게 25센트씩 주겠다고 약속했다. 다음 날, 꼬마들은 쏜살같이 그 노인의 집 앞으로 와 시끄럽게 뛰어놀았다. 노인은 아이들에게 약속한 대로 25센트씩 주면서 다음날에도 와서 놀아달라고 부탁하였다. 이튿날 아이들은 또다시 시끄럽게 떠들며 뛰어놀았고 노인은 그 대가를 지급하였다. 그러나 이번에는 아이들에게 20센트를 주며 돈이 다 떨어져서 이것뿐이라고 말하였다. 그 다음 날 꼬마들이 받은 돈은 15센트가 전부였다. 게다가 그 날 노인은 아이들에게 이제부터는 5센트씩밖에 주지 못한다고 말하였다. 그러자 아이들은 "우리는 하루에 5센트만 받고서는 떠들 수 없어요."라고 화를 내며 이제는 다시 오지 않겠다고 말했다. 이로써 노인은 다시 조용하고 평화로운 나날로 돌아갈 수 있게 되었다.

출처: 류재호(연출)(2007). **동기 없는 아이는 없다**[EBS 다큐프라임]. 안태근[책임프로듀서]. 서울: EBS.

16 | 성취도가 떨어지는 수련생

원칙1. 성취감을 느낄 수 있도록 쉬운 것부터 점진적으로 진행한다.
원칙2. 동작이나 자세에서 장점이나 향상된 점을 칭찬한다(과정칭찬).

상황 : 1) 태권도 기술 습득이 느린 수련생
　　　 2) 수련 참여 의욕이 낮은 수련생

◆ 코칭관점 ◆

- 수련 동기가 없는 상태로 수련을 지속시킬 경우, 퇴관으로 이어질 수 있다. 수련에 관심이 없는 단계에 있으므로 자신이 흥미 또는 관심을 가질 만한 수련 내용으로 구성하고 긍정적 강화로 지도해야 한다.
- 성취도가 떨어지는 아이를 지도할 때에는 못하는 점을 지적하는 것은 바람직하지 않다. 오히려 사범님이 수련생 자신의 긍정적인 측면을 찾아내도록 유도해야 한다. 긍정적인 측면의 대부분은 수련 과정에 관한 것이다.
- 평가중심보다 과정을 중시하여 노력한 만큼 향상되고 있는 점을 자주 알려주어야 한다. 즉, 끈기 있는 연습, 용기 있는 도전 등 노력에 대한 의미를 부각하는 언어를 사용한다.

상황 1. 태권도 기술 습득이 느린 수련생

권장 코칭언어

태권도 기술 습득이 느린 수련생
(열심히 품새를 배웠는데, 완전히 습득하지 못해 힘들어하는 수련생)
사범님 : 품새를 열심히 하는데 자꾸 틀려서 속상하지요?
수련생 : 네, 너무 어려워요.
사범님 : 그래요, 품새가 쉽지는 않지요! 어떻게 하면 틀리지 않고 잘 외울 수 있을까요?
수련생 : 잘 모르겠어요.
사범님 : 사범님과 같이 한 번 연습해 볼까요? (품새를 연습한다.)

(품새 연습 중 사범님은 동작의 힘이나 모양에서 잘하고 있거나 향상된 것에 대해 긍정적 피드백을 제공한다. 특정 부분이 틀리는 것이 반복될 경우 구체적인 연습 방법을 알려준다.)

사범님 : 품새 6번 동작과 8번 동작이 잘 연결되지 않나 보군요! 6번과 8번을 반복해서 연습하고 익숙해지면 전체 동작을 해보면 좀 더 잘 될 거예요!
수련생 : 네, 좋아요. 해볼게요.
사범님 : 연습할 때 보니까 **품새 동작에 힘이 있어서 아주 좋았어요!** (엄지손가락을 들어 주며)

◆ Coaching Tip ◆
- 개인차를 인정하고 수련생 개인의 장점을 찾아 부각시킨다.
- 과제를 쉬운 것부터 어려운 것으로 점진적으로 연습시켜 성공의 기회를 늘려준다.
- 끈기 있는 연습, 용기 있는 도전 등 노력에 대한 의미를 부각시키는 언어를 사용한다.
- 개인별로 효율적인 연습방법이 무엇인지 찾을 수 있도록 도와준다.

상황 1. 태권도 기술 습득이 느린 수련생

비권장 코칭언어

태권도 기술 습득이 느린 수련생

사범님 : **몇 번을 가르쳤는데 아직도 못해, 똑바로 해 봐!** (비난하기)

사범님 : **똑같이 가르쳤는데 왜 너만 못하니?** (비교하기, 판단하기)

사범님 : **안 되면 집에 가서 연습해 와!** (협박하기)

사범님 : **(무시하고 못 본 척한다)**. (무능력 단정)

◆ Coaching Tip ◆

- 비교하기와 지적하기는 수련생의 자존감을 떨어지게 하는 요인이 된다. 특히, 남과 비교하거나 미래나 잠재능력을 단정해버리는 평가적인 언어를 금지한다.
- 수련생에게 필요한 정보를 제공하지 않는 지적은 수련생에게 도리어 스트레스를 가중시키는 결과를 가져온다.
- 능력과 재능이 부족하여 못 한다는 메시지를 주어서는 안 된다.

상황 2. 수련 참여 의욕이 낮은 수련생

권장 코칭언어

(품새 수련을 하기 싫어하는 모습을 보이는 수련생)
사범님 : ○○이는 품새 동작에 힘이 없어 보이네요!
수련생 : (힘없이) 네~. 품새는 재미가 없어요.
사범님 : **그랬군요! ○○이가 품새가 잘 안되니 재미가 없어졌군요.**
수련생 : ...
사범님 : ○○이는 품새를 잘하고 싶었는데 기대만큼 잘 안 되니 속상한 마음도 있겠군요.
수련생 : (고개를 끄덕인다.)
사범님 : 연습해도 잘 안 되면 하기 싫어지기도 하지요. 그건 누구나 그럴 수 있어요.
수련생 : (고개를 들고 사범님을 쳐다본다.)
사범님 : 사범님은 네가 **못하는 것을 잘해 보려고 열심히 노력하는 사람이었으면 좋겠어요. ○○이가 마음만 먹으면 잘할 수 있을 거예요.** 열심히 해 볼 수 있지요?
수련생 : 네. 열심히 해볼게요.

(태권도 하기를 걱정하는 소심한 성격의 수련생이 처음 왔을 때)
사범님 : (아이의 눈높이 높이로 맞추어 적당한 목소리로 경쾌하게)
○○아! 반가워요! 나는 태권도 사범이에요! 많은 아이들이 **낯선 장소에 가면 걱정을 하게 돼요. 사범님도 태권도 처음 배울 때 그랬어요. 처음이라 어색할 텐데 들어가는 거 도와줄게요.** 사범님 손잡고 도장으로 들어가요! (○○이에게 손을 내민다).
수련생 : (새로운 환경에 두리번거리며) 네. (따라 들어온다)
사범님 : (태권도장 안내와 수련 도구를 재미있게 소개한다.) 수련 도구들 한 번 만져 볼래요?
수련생 : (말없이 만져 본다.)
사범님 : (간단한 순발력 미트 치기 게임을 한다.) 자! 이게 미트라는 거예요. 수련할 때 자주 사용하는 거예요. 손으로 미트를 맞춰 볼까요? (**미트를 치면 좌우로 피하면서 미트를 어떻게 활용하는지를 보여준다.**)

◆ Coaching Tip ◆

- 수련생들이 수련 내용을 명확하게 알지 못할 때, 수련 흥미를 잃어버릴 수 있다. 따라서 사범님은 수련 지식을 충분히 알고 있어야 하며, 설명할 수 있어야 한다.
- 수련생의 마음을 먼저 읽어주는 것이 필요하다. 그 후에 노력의 중요성에 대해 알려주어 참여를 유도한다.

상황 2. 수련 참여 의욕이 낮은 수련생

- 품새를 잘하고 싶은데 잘하고 싶은 방법을 모를 때 무기력에 빠질 수 있다. 사범님은 수련생의 마음을 먼저 읽어주는 것이 필요하다. 수련생이 실현할 수 있는 목표를 세워 점진적으로 성취할 수 있도록 이끌어 준다.
- ※ 무관심 단계에 있는 것으로 관심 단계로 올라갈 수 있도록 흥미를 느낄 수 있도록 지도해야 한다.

비권장 코칭언어

수련 참여의욕이 떨어지는 수련생

사범님 : ○○아! **이것도 못하면 어떻게 하려고 그래?** (협박하기)

사범님 : ○○아! 태권도 하기 싫어? **똑바로 해 봐!** (강요하기)

사범님 : **너 사범님이 시키는데 안 해? 너 집에 가!** (명령하기)

사범님 : ○○야, 한 번만 해보자. (애원하며) **한 번 하면 사범님이 스티커 하나 줄 게, 응?** (비위 맞추기)

사범님 : **너 셋 셀 동안 와서 빨리해?** 하나, 둘, 셋!!! (위협하기)

◆ Coaching Tip ◆

- 감정을 무시한 일방적인 강요나 협박은 수련생에게 더 큰 좌절을 준다.
- 수련생의 비위를 맞춰주게 되면 사범님에게 의존하는 성향이 강해지며, 사범님의 말을 따르지 않을 수 있다.

도장 규칙 사례

- 성취도가 떨어지는 수련생은 자존감이 낮아질 수 있기 때문에 동기부여를 설정 해줍니다.
- 높은 목표보다는 실현 가능한 낮은 목표부터 차근차근 진행시켜줍니다.

(전북 익산 송암태권도)

- 자신의 노력에 따라 성취도가 달라질 수 있음을 이야기 하고, 스스로의 모습만으로 만족을 느끼며, 즐기는 일은 언젠가 결과가 따른다는 사실을 이야기합니다.

(부산 사하구 강동체육관)

- 성취동기의 부족으로 인해 무엇을 이루겠다는 의욕이 없는 상태이므로 수련생과 함께 이룰 수 있는 목표를 설정해 줍니다. 이에 대한 적절한 보상을 해주는 식으로 동기를 제시하는 노력이 필요합니다.
- 처음부터 큰 목표를 세워 거창한 보상을 약속하기 보다는 자그마한 단계부터 조금씩 확대합니다.
- 과정에 대한 지지를 함으로써 성취도가 떨어진 수련생으로 하여금 성취할 수 있도록 도움을 줍니다.

(인천 남구 도담태권도장)

성취도가 떨어지는 수련생에게 사회적지지를 해 주는 말들

1) 주변에서 동료나 사범님이 "넌 할 수 있어."
2) 파이팅, 아자!
3) 열심히 했으니까 잘 될 거야!
4) 우리가 응원해줄게!

성취도가 떨어지는 수련생들에게 지지를 해주는 방법

1) 정서적지지 – 칭찬, 격려
2) 실질적지지 – 연습상대 해주기
3) 정보적지지 – 기술에 대한 연습방법 제공

과정에 대한 칭찬으로 좋은 것들

1) 구령소리가 크다.
2) 중심이동이 잘 된다.
3) 무릎이 잘 뻗어진다.
4) 동작 하나하나에 시선이 모아진다.
5) 동작에 절도가 있다.

놀림이나 비난을 하는 상황

원칙1. 실수는 도전과 노력의 증거이므로 자랑스럽게 받아들이도록 한다.
원칙2. 실수를 어떻게 고칠 수 있는지 긍정적으로 지도하고 격려한다.

상황: 1) 실수하는 수련생에 대한 대응
　　　2) 실수를 한 수련생을 놀릴 때

◆ 코칭관점 ◆

- 실수하여 속상해하는 수련생의 마음을 읽어주는 것이 중요하며, 실수를 통해 자신이 향상된다는 것을 알려준다.
- 실수한다는 것은 도전하고 있다는 증거이며 실수를 통해 자신이 더욱 발전할 수 있다고 받아들이게 해준다.
- 놀림 행동에 대한 결과를 읽어주고, 입장 바꿔 생각하고, 어떻게 하면 좋을지 논의하고, 좋은 방법을 찾았다면 격려와 칭찬으로 마무리한다.

상황 1. 실수하는 수련생에 대한 대응

권장 코칭언어

돌개차기 수련 중 중심을 잃고 넘어져 당황하고 있을 때

수련생 : (발차기하다 넘어져 주변을 돌아보며 눈물을 글썽인다.)

사범님 : 깜짝 놀랐지? 아픈 데는 없니?

수련생 : (고개를 끄덕인다.)

사범님 : 많이 당황했겠구나. 지금 아프기도 하고 놀라기도 했겠다.

수련생 : 창피해서요.

사범님 : 발차기를 하다가 넘어진 것은 창피한 일이 아니야! 발차기를 잘하려고 도전했다는 증거란다. OO아! 힘내어서 다시 한 번 해보자!

수련생 : 네. 다시 한 번 해볼게요.

사범님 : 발차기를 잘하는 것도 멋있지만 도전하는 용기는 더 멋진 것이란다. 얘들아 도전, 화이팅! 다시 도전하는 OO이에게 격려의 박수를 쳐주자!

◆ Coaching Tip ◆

- 노력하지 않는 사람들은 실수할 수도 없다. 실수한다는 것은 도전하고 있다는 증거이며 실수를 통해 자신이 더욱 발전할 수 있다고 받아들이게 해준다.
- 실수하였을 때에 격려를 해주는 방법을 구체적으로 만들어 시행하도록 한다.
- 실수 자체를 하나의 과정으로 받아들이게끔 해 준다. 실수는 무기를 장착하고, 보물을 채워나가는 과정이다.
- 동작하다 넘어졌을 때 사범님이 놀랐다고 하거나 놀란 표정을 지으면 수련생이 사범님의 걱정을 공감하기보다는 다친 사실에 대해 과잉 지각하게 된다.

상황 1. 실수하는 수련생에 대한 대응

비권장 코칭언어

돌개차기 수련 중 중심을 잃고 넘어져 당황하고 있을 때

사범님 : **너 그럴 줄 알았어.** (핀잔주기)

사범님 : 정신 차리고 해야지. 너 또 넘어지면 혼나! 정신 차리고 해! (처벌하기)

사범님 : 한 번에 차려고 하니까 넘어지지! **두 번 나눠서 차라는 말을 아직도 못 알아들었어!** (처벌적 지도하기)

사범님 : **뭐 그까짓 걸로 울고 그래!** 빨리 안 일어나? (비아냥대기)

◆ Coaching Tip ◆

- 실수한 수련생의 감정을 무시하면 실패 공포증이 생겨 참여를 꺼릴 수 있으므로 동작 실수에 대해서는 절대로 처벌하지 않는다.
- 실수를 고치는 방법을 구체적으로 알려주는 것은 바람직하다. 그러나 처벌과 지도가 동시에 이루어지는 처벌적 지도는 바람직하지 않다.

상황 2. 실수를 한 수련생을 놀릴 때

권장 코칭언어

도복 바지를 돌려 입은 것을 보고 여러 명의 수련생이 낄낄거리며 놀리고 있을 때

사범님 : 여러분! 재미있는 일 있나요?

수련생 : ○○이가 도복 바지를 거꾸로 입었어요.

사범님 : ○○이가 **수련시간을 맞추느라 실수로 도복 바지를 돌려 입었나 봐요.** 사람은 누구나 급하게 무언가를 하거나 다른 생각을 하게 되면 쉬운 일도 실수를 하게 돼요. 여러분들은 친구가 실수로 옷을 돌려 입고 나오면 어떻게 해야 할까요?

수련생 : 말해줘야 해요.

사범님 : 네 맞아요. 잘 생각했어요. 다음부터 다른 친구에게 꼭 말해주어요. 그런데 오늘은 친구를 놀렸으니 사과를 해야 합니다.

수련생 : ○○ 아! 놀려서 미안해!

사범님 : **잘했어요. 정말 멋진 수련생들이네요.** 다음부터 **큰 소리로 말하거나 여러 명이 놀리는 것보다 작은 소리로 그 수련생에게 가까이 가서 이야기해 주기로 약속해요.**

수련생 : 네, 감사합니다.

> 다음부터 큰 소리로 말하거나 여러 명이 놀리는 것보다 작은 소리로 그 수련생에게 가까이 가서 이야기해 주기로 약속해요.

◆ Coaching Tip ◆

- 다른 수련생들에게 실수한 수련생의 입장을 바꿔서 생각해 볼 수 있도록 해 준다.
- 놀림 행동에 대한 결과를 읽어주고, 입장 바꿔 생각하고, 어떻게 하면 좋을지 논의하고, 좋은 방법을 찾았다면 격려와 칭찬으로 마무리한다.

상황 2. 실수를 한 수련생을 놀릴 때

비권장 코칭언어

도복 바지를 돌려 입은 것을 보고 여러 명의 수련생이 낄낄거리며 놀리고 있을 때

사범님 : 야! 너는 **도복을 왜 그렇게 입고 왔어!** (같이 놀리기, 동조하기)

사범님 : 그렇다고 놀리면 되겠어? **놀리지 마!** (감정 무시하기, 명령하기)

사범님 : (놀리는 수련생에게) **너도 놀림당해 볼래!** (협박하기)

사범님 : **당장 사과해! 너는 괜찮다고 하고!** 잘했어, 악수하고 수련하자! (무마하기)

◆ Coaching Tip ◆

- 상황을 살피지 않고, 처벌을 바로 하거나, 협박적 언어를 사용하면 수련생들에게 두려움을 심어줄 수 있다.
- 명령하기는 수련생들의 감정을 무시하고 사범님 주도적으로 문제를 해결하려는 것으로 문제 행동 수정 방법으로는 사용하지 말아야 한다.

도장 규칙 사례

- 사람은 생김새가 다르듯이 행동이나 생각도 누구나 다 다르다는 것을 알려주는 것이 중요합니다.
- 놀림 받은 친구가 자존감이 떨어지지 않도록 함께 움직일 수 있도록 지도해준다.

(전북 익산 송암태권도)

- 다른 친구를 놀리는 아이에게 서로의 입장을 바꿔서 생각해 보게끔 합니다.
  ex) '다른 아이가 널 놀리면 너의 기분이나 마음은 어떠니?'

(경남 창원 우림태권도장)

감정코칭

감정코칭이란 성장 과정에서 겪는 부정적 감정(분노, 슬픔, 두려움, 좌절 등)에 대해 사범님이 무시하지 않고 공감과 인정을 통해 수련생 스스로 극복하는 능력을 길러주는 것을 의미한다.

진정한 마음, 표정, 행동, 태도를 보이고 감정코칭을 실시할 경우 수련생의 학업성적, 사회적응력, 정서적 행복, 육체적인 건강에 긍정적인 영향을 미치게 된다.

※ [감정코칭 대화 유형 및 감정코칭 5단계 177쪽 참조]

실수에 대한 좋은 관점을 갖게 해주는 명언

● 뭔가 배울 수 있는 실수들은 가능하면 일찍 저질러보는 것이 이득이다.
- 윈스턴 처칠

● 우리들이 인생에서 범하는 최대의 실수는 실패를 두려워하여 끊임없이 겁을 먹는다는 것이다.
- 엘버트 허버드

● 가끔 혁신을 추구하다가 실수할 수도 있습니다. 하지만 빨리 인정하고 다른 혁신을 개선해 나가는 것이 최선입니다.
- 스티브 잡스

● 세상에 실수 한 번 안하고 살 수 있는 인간도 없겠지만, 한 번쯤 쓴잔을 마셔보지 않고 성공했다는 사람 또한 볼 수 없다.
- 새뮤얼 스마일즈

● 나는 선수시절 9000번 이상의 슛을 놓쳤다. 300번도 넘게 졌다. 모두가 나를 믿어주었을 때 26번이나 클러치를 실수했다. 나는 실패하고, 실패하고, 또 실패했다. 그것이 내가 성공한 이유다.
- 마이클 조던

● 실수를 범하지 않고 있다면 위험을 무릅쓰고 있지 않다는 것이고, 아무런 목표도 이루지 못하고 있다는 뜻이다. 핵심은 경쟁자보다 더 빨리 실수를 저지르는 것이다. 그리하면 교훈을 배우고 승리를 거둘 기회가 더 많아질 것이다.
- 존.W.홀트 주니어

출처 : 김종석(2011). 삶을 역전시키는 창의성 유머. 고양: 모아북스
곽동언(2011). 365일 행복한 상상. 서울: 나무한그루
김대훈(2011. 10. 6). 한 번의 홈런이 두 번의 2루타보다 나아" … 스티브 잡스가 남긴 명언들. 노컷뉴스.http://www.nocutnews.co.kr/news/881233
후니훈(2015. 5. 9). 내가 제일 좋아하는 선수 마이클조던의 명언. [인터넷블로그]. Retrieved from http://blog.naver.com/crisis06/220354456069.

18 | 난처한 질문, 의미 없는 독백

원칙1. 수련생의 질문을 통해 사범님도 배운다는 자세를 갖는다.
원칙2. 수련 집중을 방해하는 질문에는 단호하게 대처한다.

상황: 1) 난처한 질문을 하거나 의미없는 독백을 할 때

◆ 코칭관점 ◆

- 사범님이 질문 내용에 대한 답을 모르거나 생각이 나지 않을 때에는 솔직하게 인정한다.
- 질문에 대한 답을 다른 수련생이 알고 있을 수도 있기 때문에 답을 할 수 있도록 기회를 준다.
- 수련과 관계가 먼 질문에 대응하게 되면 수련의 집중에 방해되므로 일일이 대응하지 않고 단호하게 제지한다.
- 질문하기 등과 관련된 도장 규칙을 마련해 수련생에게 알려준다.

상황 1. 난처한 질문을 하거나 의미없는 독백을 할 때

권장 코칭언어

수련과 관련된 질문 중 답이 기억이 안 날 때

(품새를 지도하는 중 수련생이 잘 모르는 동작의 의미를 질문했는데 사범님이 기억이 잘 나지 않는다.)

수련생 : 사범님! 이 동작 명칭이 무슨 뜻이에요?

사범님 : ○○가 질문이 너무 좋은데요. 사범님이 정확하게 기억이 잘 나지 않는데요? 혹시 아는 사람 있나요? (손드는 사람이 없다면) 사범님이 **내일 알아보고 정확하게 알려줄게요.**

수련생 : 네! 좋아요.

난처하고 의미 없는 질문을 할 때

(수련시간에 수련과 관련 없는 엉뚱한 질문으로 수련 분위기를 흐리게 한다.)

수련생 : 사범님 결혼 언제 하세요? 여자 친구 있어요?

사범님 : **오늘 수련내용과는 상관없는 내용이에요! 자자! 다시 집중해요!** (단호하게 제지하고 수업을 진행한다)

수련생 : 네.

수련 중 혼잣말을 할 때

수련생 : (우물쭈물하듯 눈을 마주치지 않고 혼잣말한다.) 수련 언제 끝나지, 아! 피곤하다. 빨리 집에 가고 싶은데….

사범님 : **(관심을 끌려고 하는 목적의 말과 행동은 무시한다)**

(지속해서 혼잣말하면)

사범님 : ○○야, **수련시간에는 수련에 집중해야지요? 관련 없는 말은 안 돼요!**

◆ Coaching Tip ◆

– 사범님이 답을 모르는 질문을 받았을 때, 모른다고 솔직하게 답변하고, 학습의 기회로 삼는다.
– 수련시간 중에 수련과 관련 없는 돌발적 질문 또는 난처한 질문에 일일이 대응하게 되면 전체 수련 흐름을 놓치게 된다. 수련에 집중할 수 있도록 수련과 관련 없는 이야기는 반드시 끊어 주어야 한다.

상황 1. 난처한 질문을 하거나 의미없는 독백을 할 때

비권장 코칭언어

수련과 관련된 질문 중 답이 기억이 안 날 때
사범님 : 지금 수련 지도하고 있잖아! **일단 그냥 따라서 해봐!** (무시하기)
사범님 : 나도 몰라! **사범님도 그냥 동작만 배웠어!** 사범님 생각에는 이런 동작이라고 생각해. (자신의 나름대로 말한다.) (회피하기)
사범님 : **별걸 다 질문하고 있네. 시키는 거나 잘해!** (무시하기)

난처하고 의미 없는 질문을 할 때
수련생 : 사범님 결혼 언제 하세요? 여자 친구 있어요?
사범님 : 그럼 있지. **정말 예쁘단다! 그리고 언제 결혼할지 모르겠고, 데이트는 하고 싶은데 태권도장에 있는 시간이 많아서 데이트도 못 해!** (일일이 대응하기)

수련 중 혼잣말을 할 때
수련생 : (우물쭈물하듯 눈을 마주치지 않고 혼잣말한다.) 수련 언제 끝나지, 아! 피곤하다. 빨리 집에 가고 싶은데….
사범님 : **좀 더 크게 말해 줄래! 사범님이 살짝 들었는데 많이 피곤했구나! 집에도 빨리 가고 싶구나!** (일일이 대응하기)

◆ Coaching Tip ◆

- 관심을 끌기 위한 수련생의 질문을 사범님이 무시하거나 회피하게 되면 관심을 끌기 위한 질문들이 계속 이어질 수 있다. 관심을 끌기 위한 질문인 경우에는 초반에 단호하게 제지한다.
- 수련과 관계가 먼 질문에 대응하게 되면 수련의 집중에 방해되므로 일일이 대응하지 않고 단호하게 제지한다.

도장 규칙 사례

- 수련 중에는 사범님이 질문시간을 주기 전까지는 질문하지 않음을 주지시킵니다.
- 난처한 질문은 수련 후에 답변한다고 하고, 수련 후 질문을 한 이유에 대하 물어본 후 좋은 질문을 하는 법에 대해 이야기 합니다.
- 의미 없는 독백은 다른 이를 불쾌하게 할 수 있으니 주의시키도록 합니다.

(부산 사하구 강동체육관)

19 | 산만한 수련생 지도법

원칙1. 비난과 처벌을 자제하고 바람직한 행동을 자주 알려준다.
원칙2. 집중을 위한 단서어와 단서행동을 만들고 사용한다.

상황: 1) 목소리가 크고 행동반경이 넓은 산만한 수련생을 지도할 때
　　　2) 행동반경이 넓지 않고, 개인적으로 산만한 수련생을 지도할 때

◆ 코칭관점 ◆

- 산만한 수련생들은 시간이 지나면 자신감이 떨어지고 반항적, 부정적 행동을 형성하게 되므로 초기에 도움을 주는 것이 중요하다.
- 바람직한 행동과 바람직하지 않은 행동에 대해 분명하게 구분해 주고, 사범님이 수련생에게 기대하는 행동이 무엇인지를 명확하게 알려준다.
- 규칙과 일관성 있는 태도로 태권도 수련을 지도하면 산만한 수련생들을 지도하는 데 큰 도움이 될 수 있다.
- 잘못된 행동에 대해 비난하기보다는 바람직한 행동에 대한 정보를 친절하게 알려주어 바람직한 행동의 빈도가 높아지도록 한다.

상황 1. 목소리가 크고 행동반경이 넓은 산만한 수련생을 지도할 때

권장 코칭언어

목소리가 크고 행동반경이 넓은 산만한 수련생을 지도할 때

(OO이는 수련시간에 행동이 커서 옆 수련생들과 신체접촉이 발생하기도 하고, 의도적이지 않게 피해자가 발생하기도 해서 같이 수련하는 동료들에게 불평을 자주 듣는 편이다.)

(개인적인 상담시간을 가진다.)

사범님 : OO아, **사범님은 OO이가 수련시간에 기합도 크게 넣어주고, 동작도 힘차게 수련해주니까, 수련 분위기가 활기차서 참 좋아요.** OO이는 수련할 때 어때요?

수련생 : 재미있어요.

사범님 : 그래요, 사범님이 보기에도 OO이는 태권도를 참 재미있게 수련하는 것 같아요. 그런데 같이 수련하는 동료 중에 가끔은 OO이에게 불평하는 친구들도 있던데요.

수련생 : 네.

사범님 : 그래요, OO이는 다른 친구들이 불평하면 어떤 기분이 들어요?

수련생 : 기분이 나빠요.

사범님 : 그렇죠. 그럴 때는 기분이 나쁘지요. **혹시 OO이는 그 친구들이 왜 불평하는 것 같나요?**

수련생 : 제가 장난쳤을 때요?

사범님 : 그래요, 그것도 맞는 것 같네요. 사범님은 OO이가 기합도 크게 넣어주고, 발차기도 힘차게 차고, 품새도 힘차게 해서 참 좋은데, 가끔은 장난으로 하거나 다른 친구에게 방해되게 할 때에 아쉬운 마음이 들어요. 그것 때문에 다른 친구들이 OO에 대해 불평하는 것을 들으면 사범님도 속상하구요. **사범님은 OO이가 태권도 수련할 때 다른 아이들에게 피해를 주지 않으면서 분위기를 활기차게 하는 멋진 분위기 메이커가 됐으면 좋겠어요, 할 수 있지요?**

수련생 : 네. 할 수 있어요.

상황 1. 목소리가 크고 행동반경이 넓은 산만한 수련생이 있을 때

◆ Coaching Tip ◆

- 산만한 수련생의 행동을 내버려두거나 시간을 지연해서는 안 된다. 즉시, 자주 반응해야 한다.
- 자신이 다른 수련생의 수련을 방해하고 있다는 것을 인지시키고, 방해하지 않는 행동을 스스로 찾게 한다.
- 규칙을 잘 지켰거나, 수련에 적극성을 보일 때 바로 칭찬을 해 주는 것이 좋다.

비권장 코칭언어

목소리가 크고 행동반경이 넓은 산만한 수련생이 있을 때

사범님 : (전체적인 자리에서) ○○아! <u>너 때문에 수련시간이 엉망이 되고 있잖아!</u> (처벌하기)

사범님 : ○○아! <u>친구들이 너랑 수련하기 싫다고 해!</u> 괴롭히지 마! (비난하기)

사범님 : ○○아! <u>소리 좀 낮출 수 없겠니? 그렇게 괴성을 질러 대지 말고 기합이나 제대로 넣어봐!</u> (훈계하기)

◆ Coaching Tip ◆

- 문제가 발생하면 가장 먼저 지목받을 만한 특성이 있는 수련생들이다. 부당함을 당할 때도 잘 믿어주지 않아 더 산만해지고 거칠어진다.
- 항상 문제를 일으키는 수련생들은 주로 훈계를 많이 듣게 된다. 훈계에 대한 내성이 생겨 웬만한 이야기는 잘 통하지 않게 되는 부작용을 가져올 수 있다.

상황 2. 행동반경이 넓지 않고, 개인적으로 산만한 수련생을 지도할 때

권장 코칭언어

행동반경이 넓지 않고, 개인적으로 산만한 수련생을 지도할 때
(한 수련생이 한곳에 집중을 잘하지 못하고 있다.)

사범님 : ○○아. (가볍게 이름을 불러 **스스로 집중할 수 있는 신호를 준다.**)
수련생 : 네.
사범님 : (개인적으로 면담시간을 가지며) 수련시간에 생각이 다른 곳으로 갈 때가 있지요?
수련생 : 네.
사범님 : ○○이는 어떤 때에 생각이 다른 곳으로 가는 것 같아요?
수련생 : 잘 모르겠어요.
사범님 : 그래요, 사범님도 그럴 때가 있어요, ○○이도 집중하고 싶은데 자기도 모르게 그럴 때가 있다는 거지요?
수련생 : 네.
사범님 : 그래요, ○○이가 **사범님 말씀이나 연습에 더 오래 집중할 수 있도록 도와주고 싶은데. 어떻게 도와주면 좋을까요?**
수련생 : ….
사범님 : 사범님이 ○○이를 도와주고 싶어서 생각해 봤는데, 사범님이 '○○아'라고 부르면 ○○는 '집중'이라고 대답하기로 약속을 정하고, 해야 할 일을 생각하는 걸로 해보면 어떨까요?
수련생 : 좋아요.
사범님 : 그래요, 그럼 앞으로는 **사범님이 수련시간에 '○○아.' 라고 부르면 '집중' 이라고 대답**하는 거예요! **연습해볼까요? "○○아."**
수련생 : **집중!**
사범님 : 그래요, 이젠 전보다 더 집중하면서 재미있게 수련할 수 있겠어요. 열심히 해봐요!
수련생 : 네.

1부 권장 코칭언어

상황 2. 행동반경이 넓지 않고, 개인적으로 산만한 수련생을 지도할 때

◆ Coaching Tip ◆

− 주의가 흐트러질 때 즈음 주의를 집중시킬 수 있는 단어(예. '집중' 등), 행동(예. '딴생각이 날 때마다 손목에 있는 고무줄 팅기기')을 만들어 상황에 맞게 사용해야 한다.
− 규칙을 잘 지켰거나, 수련에 적극성을 보일 때 바로 칭찬을 해 주는 것이 좋다.

비권장 코칭언어

행동반경이 넓지 않고, 개인적으로 산만한 수련생을 지도할 때
사범님 : ○○아, 수련 시간에 움직이지 말라고 했는데 **왜 움직이는 거야!** (비난하기)
사범님 : **수련시간에 다른 생각을 하고 있으면 안 되는 걸 모르니? 집중해!** (명령하기)
사범님 : **한 번 더 움직이면 기합 줄 거야!** 알았어? (협박하기)

◆ Coaching Tip ◆

− 소극적 성향을 가진 산만한 수련생에게 비난과 협박으로 명령하게 되면 두려움으로 인한 불안증세가 가중되어 오히려 더 산만해질 수 있다.
− 이런 성향의 수련생은 자아탄력성이 낮아 공개적인 자리에서 비난과 협박을 하면 회복하는데 상당한 시간이 걸리거나 태권도장을 그만두게 된다.
− 잘못된 행동에 대해 비난하기보다는 바람직한 행동에 대한 정보를 친절하게 알려주어 바람직한 행동의 빈도가 높아지도록 한다.
− 고치기 쉬운 것 하나를 집중적으로 지도한다. 이 행동이 고쳐지면 그다음에 고칠 것을 정해 집중적으로 지도한다(쉐이핑 기법).

도장 규칙 사례

- 행동을 못하게 하면 오히려 에너지 발산을 하지 못하기 때문에 활동량을 더욱 높여줍니다.
- 포괄적으로 주의 하라는 것보다는 지금부터 1분간 사범님만 바라보는 거야 또는, 3분 동안은 옆 친구와 신체접촉 없이 수련해보자등의 짧은 시간동안 집중 할 수 있는 훈련을 시킵니다.

(전북 익산 송암태권도)

- 산만한 행동에 다른 사람이 피해를 받을 수 있음을 이야기하고, 명상30초부터 참아내기를 하여, 칭찬해주고, 조금씩 시간 늘리기 게임을 통해 자신이 집중할 수 있음을 교육합니다.
- 교육이 끝나면 안아주어 사랑을 전하며, 참음을 배우도록 합니다.

(경남 창원 우림태권도장)

- 칭찬 스티커를 활용하여 짧은 시간동안의 집중 목표를 설정하여 점차 늘리도록 노력합니다.
- 장난이 과도할 경우 보조사범 손을 잡고 있다가, 조금 잠잠해 질 때 풀어주고, 집중할 수 있도록 케어합니다.

(부산 사하구 강동체육관)

긍정적 피드백 positive feedback

피드백이란 목표와 수행 간의 차이에 대한 정보를 제공하는 것이다.

즉, 운동 기술 학습에 결정적인 역할을 하기 때문에 수련자에게 적절한 시간에 적절한 방법으로 제공해 주는 것이 필요하다. 피드백을 제공할 때에는 바람직한 반응이 나타난 직후가 가장 효과적이다.

사범님은 행동이 산만하여 수련에 지장을 주는 수련생에게 긍정적 피드백을 이용하여 지도하는 것이 필요하다. 산만한 수련생의 잘못된 점을 지적하는 것이 아니라 긍정적인 부분들을 부각시켜 수련생에게 책임감을 부여함으로써 수련에 책임감을 가질 수 있도록 유도하는 것이 바람직하다.

20 | 응급상황 대처

원칙1. 응급상황에 대응하는 절차를 미리 만들고 주기적으로 훈련한다.
원칙2. 창피함을 느끼는 상황을 이해와 배려의 교육 기회로 만든다.

상황: 1) 수련 중 수련생이 부상을 당한 경우
      2) 수련 중 수련생이 대·소변을 흘린 경우

◆ 코칭관점 ◆

- 수련 중 예기치 못한 응급상황이 발생할 경우 도장에서 정한 원칙에 따라 침착하게 대처한다. 원칙에 따라 대처하지 않고, 사범님이 당황하는 모습을 보이면 수련생의 불안감이 더욱 높아진다.
- 평상시에 응급상황에 대처하는 규칙과 절차를 만들어놓고 훈련하는 것이 필요하다.
- 수련 중 수련생이 실례했을 경우에는 예방에 대한 교육, 이해와 배려의 교육기회로 삼는다.
- 작은 부상이더라도 방치하지 말고 세심하게 점검하여 보호자에게 정확하게 상황을 설명하고, 관찰을 부탁한다.

상황 1. 수련 중 수련생이 부상을 당한 경우

권장 코칭언어

수련 중 수련생이 가벼운 부상을 당해서 울고 있는 경우

수련생 : 사범님, 저 다쳤어요.

사범님 : 그래요? 어디가 아픈가요?

수련생 : 발목이 삔 것 같아요.

사범님 : **많이 아프겠네요.**

(약간의 통증은 있으나 병원에 갈 정도는 아니라고 판단되는 경우)

사범님 : ○○아, ○○이를 의자에 앉도록 도와줄래요? (○○이를 의자에 앉힌 후, 수련을 계속 진행한다)

(수련이 끝난 후, 아이의 상태를 확인하여 보호자에게 연락한다)

수련 중 아이가 다쳐 병원에 가야 하는 경우

사범님 : (고통을 호소하고 있는 수련생에게 다가가) 어디가 아파요? 괜찮아요? 많이 아프겠네요.

(즉시 병원에 가야 된다고 판단되는 경우 다른 사범님에게 병원으로 데려가라고 부탁을 하면서)

사범님 : **병원에 가면서 부모님께 연락드리고, 병원에 도착하면 도장에도 연락해주세요.**

사범님 : (수련을 진행한다) 여러분, ○○이는 병원에 갔으니까 괜찮아 질 거에요! 우리는 수련을 계속 하도록 해요!

상황 1. 수련 중 아이가 부상을 당한 경우

◆ Coaching Tip ◆

- 수련생이 부상을 당했을 때에는 부상 정도를 파악하고, 처치 정도에 대해 신속하게 의사결정을 내려야 한다.
- 수련생의 부상 정도에 따라 병원으로 즉시 갈 것인지를 판단한다. 병원에 가야 한다고 판단된 경우, 다른 사범님에게 동행을 부탁하며, 보호자에게 연락을 취하도록 한다.
- 부상당한 수련생에게만 신경을 쓰다 보면, 나머지 수련생들에게도 안전사고가 날 수 있으므로 안전에 유의하면서 수련을 계속 진행한다(사범님이 혼자 있을 때는 수련을 중단하고 나머지 수련생들을 귀가시키는 것이 바람직하다).
- 응급상황이라고 판단되면 신속히 119에 도움을 요청한다.

※ 응급처치 RICE원칙과 C-A-B 원칙 참고

비권장 코칭언어

수련 중 수련생이 부상을 당한 경우

사범님 : **말을 안 들으니까 다치지!** (지적하기)

사범님 : **옆으로 나가!** 가서 파스 뿌리고 와! (상황 무시)

사범님 : 절뚝거리기는! **괜찮아, 참아. 남자가 그거가지고 울고 그래.** (비난하기)

사범님 : (**나머지 수련생들은 내버려두고** 부상을 당한 수련생만 병원으로 데려간다) (무책임한 지도)

◆ Coaching Tip ◆

- 당황하기 쉽지만, 법적인 책임을 져야 할 수도 있는 중요한 상황이므로 1차적인 상황판단을 정확히 하는 것이 중요하다.
- 부상을 당한 수련생에게만 신경 쓰느라 나머지 수련생들을 내버려둬서는 안 된다.
- 작은 부상이더라도 내버려두지 않고 세심하게 점검하여 보호자에게도 자세하게 설명하고, 관찰을 부탁한다.

도장 규칙 사례

- 상황을 고려하여 신속하게 대처할 수 있도록 노력해야 합니다.
- 다른 수련생들에게는 친구가 다쳤으니 다치지 않게 다른 운동을 할 수 있도록 지도하여 2차 사고에 대비한다.
- 다친 수련생이 안정을 찾을 수 있도록 말을 걸어준다.

(전북 익산 송암태권도)

상황 2. 수련 중 수련생이 대·소변을 흘린 경우

권장 코칭언어

수련 중 수련생이 용변을 흘린 경우

수련생 : 사범님! 어디서 냄새나요!

사범님 : 그래요? **난 잘 안 나는데요? (주위를 살펴 실례한 아이를 살핀다) 수련 계속 하도록 해요!** (그 수련생 옆에 살짝 가서) 사범님이랑 잠깐 상담 좀 할까요? 사무실로 들어와요.

(사무실로 들어와서)

사범님 : 많이 당황했지요? 괜찮아요. 사범님이 얼른 도와줄게요, 친구들은 몰라요.

수련생 : 네. (수습이 끝나고 다시 수련하러 간다)

수련생 : 사범님! 누가 쉬 했어요!

사범님 : (**대수롭지 않게**) 그랬어요? 알겠어요.

사범님 : 전체 차렷! 열중쉬어! 자, 모두 눈 감으세요~ 잠깐 눈 뜨지 마세요?

(실례한 수련생을 데리고 밖으로 나가서 수습한다)

다른 수련생들 : (눈을 감은 상태로 기다린다)

사범님 : 많이 당황했겠네요. 괜찮아요. 누구나 그럴 수 있어요. 전에 6학년 형도 그랬던 적 있어요.

(여벌의 도복으로 갈아입게 도와준다)

사범님 : **다음부터는 사범님한테 말해요, 괜찮아요. 도장에 와서 급하면 사범님한테 얼른 얘기하고 가면 돼요. 다음부터는 꼭 그렇게 해요.**

사범님 : (전체 수련생에게) 자, 눈 뜨세요. 누구나 다 실수할 수 있어요. 앞으로 화장실에 가고 싶거나 몸이 불편하면 미리 사범님께 말해야 해요. 오늘 친구가 실수한 것에 대해서는 친구를 이해해주고 놀리지 않으면 좋겠어요.

수련생들 : 좋아요!

상황 2. 수련 중 아이가 대·소변을 흘린 경우

사범님 : **이건 우리끼리만 아는 비밀이에요?** 자, 약속할까요? 의리!

수련생들 : 의리!

◆ Coaching Tip ◆

– 수련생이 창피해 할 수 있는 상황이니 먼저 수련생을 안심시키고 주변 수련생들이 알아차리기 전에 조처를 한다.
– 사전에 이러한 일이 일어나지 않도록 미리 규칙을 만들어 두는 것이 필요하다.
– 아프거나 화장실에 가고 싶으면 편하게 말할 수 있는 분위기를 만들어 준다.

비권장 코칭언어

수련 중 아이가 대·소변을 흘린 경우
사범님 : 야, 이 녀석아, **여기서 하면 어떻게 해!** (비난하기, 다그치기)
사범님 : 아, 집에서 싸고 오라니까 **꼭 도장에 와서 이러네.** (회피하기)
사범님 : **뒤로 나와! 빨리 나와! 어우 냄새 나 죽겠네. 엄마한테 전화해! 옷 가지러 오시라 그래.** (핀잔주기)
사범님 : **누가 수련하다가 힘을 좀 줬나 본데?** (비아냥거리기)

수련 중 수련생이 대·소변을 완전히 본 경우
사범님 : 아, **누가 참으래!** (비난하기)

◆ Coaching Tip ◆

– 실례를 범한 수련생을 다그치거나 핀잔을 주게 되면 수련생은 위축되게 되고 그 행동에 대해 수치심을 느끼게 된다.
– 실례를 범했을 때 수련생을 다그칠 경우 수련생은 모욕감을 느끼고 도장에 나오는 것에 대하여 두려움을 느끼게 될 수 있다.

도장 규칙 사례

· 수련생의 부상정도에 따라 도장 내에서 해결하거나 직접 병원으로 데리고 간다. 심할 경우 119를 부르며 이때, 반드시 부모님께 연락드린다.

(경남 창원 우림태권도장)

· 지도자는 당황하는 모습을 보이지 않으며, 현재 상황을 파악하여 신속하게 대처합니다.
· 작은 부상이더라도 쉽게 지나치지 말고 수련생에게 관심을 가지며, 안정을 찾을 수 있도록 도와줍니다.

(인천 남구 도담태권도장)

RICE 원칙

휴식, 안정(Rest)	출혈, 염증, 부종, 조직 손상 등을 막기 위해 휴식을 취한다.
얼음찜질(Icing)	통증을 줄이고, 부종이나 출혈을 막기 위해 환부에 냉각을 실시한다.
압박(Compression)	부종이나 출혈을 줄이기 위해 붕대로 압박을 실시한다.
거상(Elevation)	부종이나 출혈을 줄이기 위해 심장보다 환부를 높은 곳에 위치시킨다.

안정(Rest)　　　냉각(Ice)　　　압박(Compression)　　　거상(Elevation)

출처: 눈높이대백과(2008). Rice요법. Retrived from http://newdle.noonnoppi.com/xmlView.aspx?xmldid=72520.

C-A-B 원칙

AHA ECC 성인 생존의 고리
새로운 AHA ECC 성인 생존의 고리에서 링크는 다음의 역할을 수행한다.
1. 심정지의 신속한 **파악** 및 응급 구조체계 **가동**
2. 흉부압박을 강조하는 조기 **심폐소생술**
3. 신속한 **제세동**
4. 효과적인 **전문 심폐소생술**
5. **심정지 후 처치** 통합

구분	성인	아동	영아
연령	8세 이상	1~8세	1세 미만
심정지의 확인	무반응 무호흡 또는 비정상 호흡		
심폐소생술 순서	가슴압박(Compressions)→ 기도열기(Airway)→ 인공호흡(Breathing)		
가슴압박 위치	가슴 중앙 (양측 젖꼭지 사이)	가슴 중앙 (양측 젖꼭지 사이)	가슴 중앙 직하부 (양측 젖꼭지 사이 직하부)
가슴압박 방법	두 손으로	두 손 또는 한 손으로	두 손가락으로
가슴압박 깊이	5~6cm	가슴 두께의 1/3(5cm)	가슴 두께의 1/3(4cm)
가슴압박 속도	분당 100~120회의 속도		
반복 주기	30회 가슴압박: 2회 인공호흡		
기도열기	머리 젖히고 턱 들어올리기		
인공호흡	가슴이 올라올 때까지(1초 동안)		
자동제세동기	사용		
심폐소생술 교육을 받지 않았거나 할 수 없는 일반인 구조자	가슴압박 소생술(Hands-Only CPR) 시행		

출처: American Heart Association(2010). 심폐소생술 및 심혈관 응급처치에 관한 2010 주요 내용. Retrived from http://www.heart.org/idc/groups/heart-public/@wcm/@ecc/documents/downloadable/ucm_317341.pdf.

05

보조수련

21. 체력이 부족해서 힘들어하고 있을 때
22. 분위기를 UP시키는 좋은 방법

21 | 체력이 부족해서 힘들어하는 수련생

원칙1. 약간 어렵지만 달성 가능한 목표를 스스로 설정하게 한다.
원칙2. 남보다 잘 하려하기보다 자신의 기록을 향상시키는 것을 강조한다.

상황: 1) 체력이 부족해서 힘들어하고 있을 때

◆ 코칭관점 ◆

- 수련하는 시간과 강도를 스스로 결정하게 하여 책임감을 가지게 한다.
- 수련이 힘들지만 기분은 나빠지지 않도록 해야 지속적인 수련참여가 가능하다.
- 자신의 심장 박동, 호흡과 같은 내부적 느낌에 집중하기보다, 음악이나 구령과 같은 외부적 단서들에 집중하여 수련하게 한다.
- 비록 사범님이 보기에 횟수가 부족해 보일지라도 수련생 스스로 정한 횟수를 존중한다.

상황 1. 체력이 부족해서 힘들어하고 있을 때

권장 코칭언어

페이서(셔틀런)로 심폐지구력 향상 수련을 할 때

사범님 : 오늘은 심폐지구력 향상을 위해 페이서를 할 거에요! 지난번에 했던 것보다 조금 더 뛰었으면 좋겠는데, 여러분 각자 몇 번이나 뛸 것인지 목표를 정해볼까요?

수련생 : (자신의 목표 횟수를 말하고 뛰기 시작한다. 80회, 100회 등)

(목표에 도달하기 전에 힘들어하거나 포기하려는 수련생이 보이기 시작한다.)

사범님 : 여러분들이 시작할 때 세운 목표를 기억하고 있지요? 힘들겠지만 힘을 내어서 꼭 목표를 달성해 봐요!

수련생 : 네, 꼭 성공하겠습니다.

사범님 : 이제 점점 힘들어 보이네요, 이럴 때는 **노래 가사에 집중하거나 박자를 세어보면서** 뛰면 좀 더 견디기가 쉬워 질 거예요!

(수련생이 목표를 달성했다.)

사범님 : 힘들었죠! 힘들어도 참고 끝까지 뛰는 모습이 참 멋졌어요! 여러분들 기분은 어때요?

수련생 : 정말 좋습니다.

◆ Coaching Tip ◆

- 수련생에게 목표를 직접 말하게 하는 것은 수련생에게 목표 달성에 대한 책임감을 줄 수 있다.
- 목표를 달성했을 때, 성취감을 충분하게 느낄 수 있도록 한다.

상황 1. 체력이 부족해서 힘들어하고 있을 때

비권장 코칭언어

페이서(셔틀런)로 심폐지구력 향상 수련을 할 때

사범님 : **오늘은 지옥 훈련이야! 무조건 120회 한다.** (명령하기)

사범님 : **이것도 제대로 못 견디니!** (비난하기)

사범님 : **포기하지 말고 끝까지 해!** (강요하기)

사범님 : **제일 늦게 하는 사람은 50개 추가한다!** (협박하기)

◆ Coaching Tip ◆

- 일방적 소통의 주입식 수련방법은 자발적 수련 동기를 떨어지게 한다.
- 목표를 정할 때 수련생이 스스로 정한 목표가 사범님이 정해 준 목표보다 목표 달성 효과가 더 뛰어나다. 따라서 수련생 스스로 목표 (어렵지만 노력하면 달성할 수 있는 정도)를 정하고 성취하도록 한다.
- 신체활동을 처벌로 사용하지 않는다.

도장 규칙 사례

- 보조수련은 태권도 수련을 잘 하기 위해서 필요한 수련이라는 걸 알려줍니다.
  ex1) 자율운동 수련을 꾸준히 하면 반드시 태권도를 잘할 수 있다
  ex2) 품띠나 지도진들이 멋진 시범이나 태권도 시범영상을 통하여 흥미를 유발시키며 동기부여에 자극을 준다.

  (전북 정읍 호림태권도)

- 보조수련을 하는 이유에 대해 설명하고, 이 수련을 통해 발달시킬 부위에 대해 설명합니다.
- 성별, 학년, 학교별, 친구 대신 기합 넣기, 선착순 하이파이브, 박수치기 등의 방법들을 사용하여 보조수련에 재미를 느끼도록 해 줍니다.

  (부산 사하구 강동체육관)

- 체력적으로 부족하다고 느껴 힘들어 하는 수련생은 동기가 떨어질 수가 있으므로 운동하는 수준과 강도를 본인이 스스로 결정할 수 있도록 상황을 설정합니다.
  * 셔틀런을 실시할 때 숫자만 나오는 음원보다는 음악과 함께 나오는 음원을 사용하면 외부적 단서에 집중을 할 수 있어 매우 용이합니다.

  (인천 남구 도담태권도장)

22 | 분위기를 UP시키는 좋은 방법

원칙1. 칭찬과 격려를 통해 좋은 분위기를 만들어 수련 내적동기를 높인다.

상황: 1) 수련생이 수련이 힘들어서 지쳐있을 때

◆ 코칭관점 ◆

- 태권도 수련을 한다는 것은 신체와 정신을 강하게 한다는 것을 의미한다. 즉 신체 단련을 위한 고강도 훈련과 그 과정의 힘듦을 참고 이겨야 하는 정신력을 강화하는 것이다. 태권도 수련 상황에서 수련생들은 신체적으로 고단하고 지치는 경우가 많고 정신적으로 버티기 어려운 상황에 자주 직면하게 된다. 이런 경우 수련 분위기가 매우 딱딱해지거나 가라앉을 가능성이 높다. 사범님은 이런 특성을 고려하여 수련 분위기를 올릴 수 있도록 준비해야 한다.
- 힘들어 지쳐 있을 때 적절한 격려와 칭찬은 수련 분위를 바꿀 수 있다. 칭찬은 자신의 노력에 대해 스스로 격려와 칭찬을 할 수 있고 동료와 서로 격려와 칭찬을 해 줄 수도 있다.

상황 1. 수련생이 수련이 힘들어서 지쳐있을 때

권장 코칭언어

순환 수련을 하는 데 지쳐 보인다. 그런데 아직 더 해야 할 수련이 남아 있을 때
사범님 : 힘들지요?
수련생 : (자리에 앉아서) 네. 너무 힘들어요.
사범님 : 사범님 보기에 힘들어도 참고 잘하고 있는 것 같아요. **이제 조금만 더 하면 오늘 우리가 해야 할 수련이 끝나는데, 끝까지 온 힘을 다해봐요. 서로에게 힘을 주는 파이팅 한 번 해봐요.**
수련생 : (자리를 털고 일어나면서) 네. 파이팅!

(수련이 끝났을 때의 모습을 상상)
사범님 : 힘들지요?
수련생 : (자리에 앉아서) 네. 너무 힘들어요.
사범님 : 사범님 보기에 힘들어도 참고 잘하고 있는 것 같아요. 이제 조금만 더 하면 오늘 우리가 해야 할 수련이 끝나는데, **우리 다 끝냈을 때의 자신의 모습을 상상해 봐요.**
수련생 : (잠시 상상한다)
사범님 : 기분이 좋지요? 계속 해 봐요!

(수련생끼리 서로 격려하는 상황)
사범님 : 여러분이 열심히 하니까 사범님 마음이 흐뭇한데요? 우리 계속 열심히 할 수 있도록 서로 격려해 봐요. '오늘 잘했어'라고 해주고, **옆 수련생에게 엄지를 들고 '너 오늘 짱이었어.' 라고 4명에게 말해보세요. 시작!**
수련생 : (시끌벅적 웃음소리 터져 나온다) 네. '너 짱이야!'
사범님 : 좋아요. 그럼! 따라 해 보세요. ○○야(자신의 이름을 넣어서)! 오늘 정말 잘했어라고 **수고한 자신에게도 칭찬해보세요.**
수련생들 : 네.

상황 1. 아이들이 수련이 힘들어서 지쳐있을 때

◆ Coaching Tip ◆

- 힘들어 지쳐 있을 때 적절한 격려와 칭찬은 수련 분위기를 바꿀 수 있다. 격려는 자신의 노력에 대해 스스로 할 수 있고 동료에게 서로 해 줄 수도 있다.
- 힘든 운동을 하기 전에 그 운동을 성공적으로 마친 장면을 미리 상상하게 하면 목표에 대한 도전 의식이 강해진다.
- 분위기를 up시킬 수 있는 좋은 방법들
1) 경쾌한 음악을 틀어준다.
2) 유머를 활용하여 분위기를 전환한다.
3) 수련생들끼리 서로 격려하게 한다.
4) 목표를 성공적으로 달성하는 장면을 떠올린다.
5) 수련 방법에 변화를 준다.
6) 동작 연상어(핵주먹, 불주먹, 파워펀치, 토네이도 킥 등)를 활용한다.

비권장 코칭언어

순환 수련을 하는 데 지쳐 보인다. 그런데 아직 더 해야 할 수련이 남아 있을 때

사범님 : **사범님이 너희 나이 때는 이 정도로 힘들어하지 않았어.** 너희는 너무 약해. 겨우 이 정도로 지쳐서…. (비교하기)

사범님 : 겨우 이 정도에 지쳐서 포기하면 앞으로 **어떤 일을 할 수 있겠니?** (비난하기, 무시하기)

사범님 : 애들아! 힘들지. **그만하자.** (비위 맞추기)

◆ Coaching Tip ◆

- 수련생이 힘들게 노력하는 것을 인정해 주는 것이 중요하다.
- 분위기를 UP 시키기 위해서 다른 사람과의 비교, 능력을 무시하는 등의 부정적 피드백을 주지 않는다.
- 비위 맞추기는 어려움을 이겨내기보다는 쉽게 포기하게 만들 수 있다.

도장 규칙 사례

- 팀별이나 줄별로 기합대결, 혹은 사범님과의 기합대결을 할 수 있도록 지도합니다.
- 기합의 의미에 대하여 알려주어 수련생이 자발적으로 기합을 넣을 수 있도록 합니다.

(전북 익산 송암태권도)

- 팀별이나 줄별로 기합대결이나 주먹, 발차기 빠르게 진행하기 등은 지도진과 함께하면 더욱더 효과는 좋으며 기타 수련 시 대결을 하면서 사용합니다.
- 수련생이 재미있어하고 좋아하는 단어들을 이용하여 분위기를 UP시킵니다.
- 도장 달리기 할 때 한 바퀴 돌때마다 파이팅을 넣어 분위기를 올립니다.

(경남 창원 우림태권도장)

자존감을 키우는
태권도 코칭언어

Proper Taekwondo Coaching Phrases

06

수련 마무리

23. 수련을 마무리할 때

23 | 수련을 마무리할 때

원칙1. 수련생의 입장에서 배운 점에 가치를 부여한다.
원칙2. 칭찬으로 수련을 마무리한다.

상황: 1) 주 수련에 대한 정리
    2) 정서 상태에 대한 점검

오늘 수련을 하면서 새롭게 알게 된 것은 어떤 것이 있나요?

◆ 코칭관점 ◆

- 오늘 배운 내용에 대해서 핵심 내용을 수련생에게 말해보게 한 다음, 다시 한 번 확인한다.
- 오늘 배운 내용 중에서 새롭게 알게 되었거나 중요하다고 생각하는 것을 직접 발표하게 한다.
- 수업 분위기를 높이는 데 기여를 한 수련생들을 칭찬해 준다.
- 수련이 끝난 후, 수련생들의 건강상태나 정서상태를 점검해 주고, 정서상태를 정리해 주는 의식을 만들어 실천한다(예, 움발라키키).

상황 1. 주 수련에 대한 정리

권장 코칭언어

주 수련을 마무리할 때

사범님 : <u>오늘 수련을 하면서 가장 중요한 내용은 무엇이었을까요?</u>

사범님 : <u>오늘 수련을 하면서 새롭게 알게 된 것은 어떤 것이 있나요?</u>

사범님 : <u>오늘 수련을 하면서 ○○이 기합소리가 커서 좋았어요, 그리고 △△는 후배들에게 자상하게 알려 주는 모습도 멋졌어요!</u>

◆ Coaching Tip ◆

- 수련생에게 하는 질문은 답변을 요구하는 것이 아니고 수련내용을 정리할 수 있도록 돕기 위한 것이다.
- 정리할 때에는 기능뿐만 아니라 노력, 태도, 향상, 인성 등에 대해 칭찬한다.

상황 1. 주 수련에 대한 정리

비권장 코칭언어

주 수련을 마무리할 때

사범님 : **일단 다 잘했어!** (대충 정리하기)

사범님 : **오늘 배운 것 다 잘 알겠지?** (넘겨짚기)

사범님 : 늦었다, 엄마 기다리신다. **빨리 집 가자!** (정리 없이 종료하기)

◆ Coaching Tip ◆

- 오늘 배운 내용에 대해 구체적으로 확인하지 않고 서둘러서 수련을 종료하지 않는다.

상황 2. 정서 상태에 대한 점검

권장 코칭언어

오늘 수련에 대한 정서 상태를 점검할 때

사범님 : 자! 오늘 우리 수련은 이것으로 마치는 거예요! 오늘 어려웠던 거, 힘들었던 거, 불편했던 나쁜 감정은 모두 털어버리고, 기분 좋은 것, 즐거웠던 것만 가지고 집으로 가는 거예요.

수련생 : (도복을 털고, 양손을 가슴에 모으는 점검루틴을 실행한다.)

기분 좋은 것, 즐거웠던 것만 가지고 집으로 가는 거예요.

◆ Coaching Tip ◆

- 수련이 끝난 후 수련생들의 감정이나 정서 상태를 눈으로 점검하고 수련생 스스로 나쁜 감정을 털어버리고 좋은 감정 가지고 돌아갈 수 있도록 정리해 주어야 한다.
- 수련을 마무리할 때, 감정이나 정서 상태를 점검하는 의식(루틴)을 만들어 주는 것이 효과적이다.

상황 2. 정서 상태에 대한 점검

비권장 코칭언어

오늘 수련에 대한 정서 상태를 점검할 때

사범님 : 오늘 힘들었던 거 **그냥 잊어버려 중요한 게 아니야!** (감정 무시하기)

사범님 : 빨리 **학원으로 뛰어가! 알았지!** (명령하기)

◆ Coaching Tip ◆

– 수련에서 생기는 나쁜 감정을 그대로 가지고 도장을 떠나면 태권도 수련에 대해서 부정적으로 인식하게 되므로 수련생들의 정서 상태를 반드시 점검한다.

도장 규칙 사례

- 땀을 흘림으로써 오늘도 건강을 지켰다는 인식을 심어줍니다.
- 최선을 다하는 것이 중요한 것임을 알려주어 남은 수련시간에도 최선을 다 하게 독려합니다.

(전북 익산 송암태권도)

- 태권도장에서의 1시간의 행복을 말해주며 오늘 수련은 어떠했는지 또는 아쉬운 점이나 부족했던 점을 이야기 해보게 하고, 다음 수련에 대해 소개하며 수련을 마무리합니다.

(전북 정읍 호림태권도장)

- 1시간 동안 수련한 노력의 과정에 대해 중요성을 알려줍니다.
- 배운 내용에 대해 수련생이 이야기를 듣습니다. 행동적인 부분보다 어떠한 감정을 느꼈는지 말을 유도하며, 칭찬과 격려 그리고 감정에 대한 동조를 합니다.
- 다음 날 수련과 설명과 함께 서로 수고했고 노력했다는 의미에서 박수를 치며 마무리 합니다.

(인천 남구 도담태권도장)

07

기타

24. 부모상담
25. 차량운행

24 | 부모상담

원칙1. 한 명이 불만을 제기하면 백 명이 불만을 느낀다고 생각한다.
원칙2. 불만 제기는 개선의 기회로 삼고 후속 조치 사항을 알려준다.

상황: 1) 수련생끼리 도장 밖에서 싸운 경우 (부모님이 항의할 때)
　　　2) 도장에 불만을 제기하는 경우
　　　3) 도장 규칙에 예외규정을 요구하는 경우

◆ 코칭관점 ◆

- 학부모가 불만을 제기할 경우 감정을 잘 읽어주고, 사실 확인을 통한 조치상황(상황에 대한 확인)에 대해서 언급해야 하며, 예방을 위한 좋은 기회로 삼아 앞으로 어떻게 할 것인가를 고려해야 한다.
- 불만이 제기되면 위기라고 생각하고 불만을 덮으려는 데 중점을 두기보다는, 도장운영을 개선하기 위한 기회로 삼는다.
※ CAP(Care, Action, Prevention) 원칙을 지킨다.

상황 1. 수련생끼리 도장 밖에서 싸운 경우(부모님이 항의할 때)

권장 코칭언어

수련생끼리 도장 밖에서 싸워서 도장으로 전화가 온 경우

학부모 : 저 OO 엄마인데요, 학교에서 △△가 우리 애를 때렸어요. △△가 평상시에도 행동이 불량하더니 우리 애를 자주 때린대요. 같은 도장에 다니는 수련생들끼리 때리면 안 되지 않나요?

사범님 : 그래야죠. 어머니! **속이 많이 상하셨겠어요. 애들이 한창 싸울 때긴 하는데, 무슨 일로 애들이 다퉜다고 하던가요?**

학부모 : 잘은 모르겠는데 우리 애 말에 의하면 (상황에 대한 이야기를 계속한다). (중략) △△이가 자꾸 친구들을 괴롭히는 것 같아요.

사범님 : 어머니! **일단 어떤 상황에서 그런 일이 벌어졌는지 아이들을 만나서 상황을 확인해보고 어떻게 해야 할지 다시 연락드릴게요.**

사범님 : (해당 아이들의 이야기를 들어본 후 갈등 대처방법을 가르치고 실행하여 아이들의 부정적인 감정을 해소시킨다.)

사범님 : (다시 전화를 걸어 싸운 이유에 대해서 설명하고 아이들을 화해시켰다는 사실을 알려준다.)

문제를 문제로 보지말고 교육의 기회로!!

◆ Coaching Tip ◆

- 사범님이 명확하게 잘 알지 못하는 상황을 해석하려고 하지 말아야 한다. 특히 스스로 재판관이 되어 옳고 그름을 따지는 것은 매우 조심해야 한다.
- 문제를 문제로 보지 말고 교육의 기회로 삼고 수련으로 이어질 수 있도록 지도해야 한다.

상황 1. 수련생끼리 도장 밖에서 싸운 경우(부모님이 항의할 때)

비권장 코칭언어

수련생끼리 도장 밖에서 싸워서 도장으로 전화가 온 경우

사범님 : **아이들이 학교에서 싸울 수도 있죠**(아무 조치 없음). (책임회피)

사범님 : **원래 △△가 조금 문제가 있기는 해요.** (편들기)

사범님 : **제가 책임지고 다시는 싸우지 않도록 하겠습니다. 걱정하지 마세요.** (과잉 장담)

◆ Coaching Tip ◆

- 문제를 해결하지 못하고 도움을 구하는(겉으로는 거칠게 항의할 수 있음) 것을 책임 회피로 일관하게 되면 학부모로부터 신뢰를 잃을 수 있다.
- 편들기나 과잉 장담하기는 드러난 문제를 해결하기보다 더 어렵게 할 만들 수 있으므로 공감해 주거나 이해한다는 반응을 나타내는 것이 좋다.

상황 2. 도장에 불만을 제기하는 경우

권장 코칭언어

도장에 불만을 제기하는 경우

(학부모가 동복을 먼저 신청을 했는데 늦게 받아 불만을 제기했을 때)

학부모 : 저 OO이 엄마인데 되게 섭섭하네요.

사범님 : 무슨 일이 있으셨어요?

학부모 : 이번에 겨울 동복을 주문했는데, 아직 못 받았어요. 순서대로 나온다고 해서 추위도 기다렸는데, 저희보다 늦게 신청한 옆집 △△가 먼저 받았더라고요.

사범님 : **마음이 많이 상하셨겠네요. 제가 알아보고 다시 연락을 드리겠습니다.**

학부모 : 네. 그럼 연락을 주세요.

사범님 : 이해해 주셔서 감사합니다. 바로 연락드리겠습니다.

　　　　(사범님들과 이야기를 나누고 서류를 신속하게 확인한다)

사범님 : (확인한 후 다시 전화를 건다.) OO이 어머님! 태권도장입니다. **확인해 봤습니다(구체적인 상황 설명). 저희 실수로 OO이가 동복을 받지 못했습니다. 주문한 동복이 도착하는 대로 지급하도록 하겠습니다.**

학부모 : 네, 알겠습니다.

◆ Coaching Tip ◆

- 불만의 내용을 끝까지 잘 듣고 충분히 공감해 주어야 한다. 그리고 사실관계를 확인하는 것이 중요하다.
- 불만을 처리하는 속도는 빠를수록 좋지만, 자칫 잘못 처리했을 때는 더 큰 어려움을 겪을 수 있으므로 정확하게 처리해야 한다.
- 사소하고 작은 불만이 큰 문제로 발전될 수 있다.

※ 예: 깨진 유리창 법칙(Broken Window Theory) 등

상황 2. 도장에 불만을 제기하는 경우

비권장 코칭언어

도장에 불만을 제기하는 경우

(학부모가 동복을 먼저 신청을 했는데 늦게 받아 불만을 제기했을 때)

사범님 : **(말을 하는 중에)** 어머니! 저희는 공정하게 합니다. 그거 속여서 뭐하겠어요. (끼어들기)

사범님 : (이야기를 다 듣고) 그때는 이유가 있었을 겁니다. **아마 OO이가 결석을 해서 OO이가 먼저 받았을 걸요.** (변명하기)

사범님 : 그럴 리가 없습니다. **저희 도장은 절대 그렇게 불공평하게 하지 않습니다. 어머니 다시 알아보세요.** (책임회피)

◆ Coaching Tip ◆

- 끼어들기, 책임회피, 변명하기는 상황을 더욱 악화시킬 수 있다.
- 경청하고, 공감하고, 사실 확인하고, 신속하게 처리는 불만처리 방법을 훈련하는 것이 도움된다.

상황 3. 도장 규칙에 예외규정을 요구하는 경우

권장 코칭언어

도장규칙에 예외규정을 요구할 때

학부모 : 우리 ○○이 승급심사에 왜 불합격됐어요?

사범님 : 이번 ○○이가 승급하지 못해서 많이 서운하시죠?

학부모 : 그냥 ○○이 급수 올려주시면 안 돼요?

사범님 : <u>○○이가 몇 번의 결석으로 인해 승급에 필요한 품새를 익히는 시간이 부족했습니다. 심사기준에 대해서는 심사 전에 부모님께 보낸 안내장에도 설명되어 있습니다.</u> ○○이는 며칠 더 연습해서 재심사 때 다시 도전하면 될 것 같습니다.

◆ Coaching Tip ◆

- 도장 규칙이나 사범님의 원칙이 무너지게 되면 도장이 무질서하게 된다. 부모의 요청은 충분히 경청하고 공감하지만, 규칙이나 원칙은 지키는 것이 좋다.
- 승급이 안 된 미흡한 점이 무엇인지에 대해서 객관적인 사실을 설명해 준다.
- 승급심사에 관한 안내문(일정, 방법, 기준, 참석 여부, 재심사 등)을 보호자에게 미리 보낸다.

상황 3. 도장 규칙에 예외규정을 요구하는 경우

비권장 코칭언어

도장규칙에 예외규정을 요구할 때
사범님 : **(학부모의 요구를 끝까지 경청하거나 공감하지 않음)** 안 됩니다. 도장규칙입니다. (감정을 무시한 단호한 거절)
사범님 : **아이가 잘 못하는데** 어떻게 합격을 시켜 줄 수 있어요. (책임회피)
사범님 : **원래는 안 되는데 그냥 이번만 해드리겠습니다.** (원칙 무시, 눈치 보기)

◆ Coaching Tip ◆

- 경청과 공감이 없는 단호한 거절은 상대의 인격에 손상을 줄 수 있으므로 주의해야 한다.
- 심사 불합격의 문제를 아이의 능력부족으로 돌리게 되면 부모에게 수련에 대한 부정적 견해를 줄 수 있으므로 주의해야 한다.
- 정에 이끌려 마치 심사에 합격시켜 줄 수도 있다는 상황을 만들지 않는다.

도장 규칙 사례

- 부모상담시에는 수련생의 있는 그대로를 솔직하게 이야기해야합니다.
- 부모님의 이야기를 들어주고 공감을 해주는 것이 중요합니다.
- 부모님의 의견을 먼저 수렴 후 정리하여 앞으로 어떻게 지도할 것인지를 말해줍니다.

(전북 익산 송암태권도)

- 입관안내책자를 통하여 기본 설명을 해주고 관심을 가지고 있거나 태권도장을 보내면서 바라는 점들이 있으면 메모하고 경청하면서 편안함을 느낄 수 있도록 상담을 해줍니다.
- 만약 전문적인 지식이 부족할 때에는 조언을 구하여 상담할 수 있도록 합니다.

(전북 정읍 호림태권도장)

- 한 달에 1번 정기상담(도장에서의 태도, 가정생활, 건의 사항)을 하도록 합니다.
- 메신저를 통해 전달사항 및 교육과정 및 가정에서의 행동에 대해 피드백을 줍니다.
- 학년별, 급수별로 그 상황에 맞는 상담을 하도록 합니다.

(부산 사하구 강동체육관)

- 직접 오시기 불편한 경우 태권도장이 운영의 맞게 상담 전화시간은 오전 11 ~ 1시에 일괄적으로 전화상담을 진행합니다.
- 분기별로 자녀의 교육에 대해 부모님과 만남의 시간을 갖습니다.
- 지도자는 오전시간 때를 이용하여 칭찬전화를 합니다. 수련생들의 도장외의 생활에 대해 알 수가 있으며, 도장내의 생활에 대해서도 부모님에게 수련생의 정보를 제공할 수 있습니다. 이를 통하여 부모와 지도자들 사이의 교육에 대한 믿음을 줄 수가 있습니다.

(인천 남구 도담태권도장)

CAP(Care & Concern, Action, Prevention) 원칙

CAP 원칙은 상대방과 의사소통(주로 문제 상황)을 할 때 명심해야 할 중요한 세 가지 원칙을 의미한다.

Care & Concern	첫 입장 표명의 말은 유감의 말로 해야 한다. 잘잘못을 떠나 이러한 불미스러운 사건이 터진 점에 대해 진심으로 유감의 뜻을 먼저 전해야 한다.
Action	앞으로 행할 조치를 의미한다. 사고 원인을 규명하고 피해방지에 최선을 다하며, 동시에 잘못이 있다면 책임을 지겠다는 의지를 표명하는 것을 뜻한다.
Prevention	현재 발생한 문제 상황이 반복되지 않도록 약속하는 것을 의미한다.

출처 : 조미나, 한철환(2012). 세상 모든 CEO가 묻고 싶은 질문들: 무엇이 최고의 리더를 만드는가. 고양: 위즈덤하우스.

깨진 유리창 법칙(Broken Window Theory)

유리창처럼 사소한 것들을 방치해두면, 나중에는 큰 범죄로 이어진다는 범죄 심리학 이론. 1982년 제임스 윌슨(James Wilson)과 조지 켈링(George Kelling)이 자신들의 이론을 월간잡지 《Atlanta》에 발표하면서 명명한 범죄학 이론이다. 건물주인이 건물의 깨진 유리창을 그대로 방치해두면, 지나가는 행인들은 그 건물을 관리를 포기한 건물로 판단하고 돌을 던져 나머지 유리창까지 모조리 깨뜨리게 된다. 그리고 나아가 그 건물에서는 절도나 강도 같은 강력범죄가 일어날 확률도 높아진다. 즉, '깨진 유리창 법칙'은 깨진 유리창과 같은 일의 작은 부분이 도시의 무법천지와 같은 큰 일을 망칠 수도 있음을 뜻한다.

출처: 마이클 레빈(2006). 깨진 유리창 법칙: 사소하지만 치명적인 비즈니스의 허점. 서울: 흐름출판사.

25 | 차량운행

원칙1. 안전 규칙은 현장에서 반복 행동으로 숙달시킨다.
원칙2. 만약의 위기 상황에 대비하는 플랜B를 마련한다.

상황: 1) 차량운행 시 위험하게 장난을 칠 때
    2) 차량운행 시간에 늦게 나올 때

◆ 코칭관점 ◆

- 차량운행 안전과 관련된 것은 단호해야 한다. 철저한 예방교육과 분명한 규칙을 가지고 있어야 할 뿐만 아니라 차량운행 변경 및 요구사항은 부모에게 우리 입장에 대해서 자세히 설명해야 한다.

상황 1. 차량운행 시 위험하게 장난을 칠 때

권장 코칭언어

차량운행 시 위험하게 장난을 칠 때
(차량운행 중 옆자리 수련생과 장난을 치고 있다.)
사범님 : (심하게 장난을 치는 경우 **잠깐 차를 세운다**) 애들아! 너희가 차 안에서 떠들면 사범님이 신경이 쓰여서 운전하기 불안해요! 앞에 있는 차량 규칙 한 번 볼까요? 엉덩이는?
수련생 : (다 함께) 의자에 붙이고!
사범님 : 대화는!
수련생 : (다 함께) 소곤소곤!
(다시 출발한다)

◆ Coaching Tip ◆

- 안전문제는 사전 예방이 매우 중요하다. 수련생이 지켜야 할 차량 규칙을 잘 보이는 곳에 붙이고, 수련생들이 출발하기 전에 다 함께 크게 읽어보게 한다.
- 안전과 관련된 규칙은 반복해서 강조하고, 안전행동이 필요한 그 상황에서 교육한다.
- 안전과 관련된 것은 명확하고 단호 어조로 말한다.

상황 1. 차량운행 시 위험하게 장난을 칠 때

비권장 코칭언어

차량운행 시 위험하게 장난을 칠 때

사범님 : 너희 차에서 장난치면 **띠를 다 뺏어 버린다.** (보상 철회)

사범님 : 너 **내려서 집까지 걸어가.** (협박하기)

◆ Coaching Tip ◆

- 띠를 받는 것은 수련과정을 성실하게 하고 심사를 통해 얻은 것인데 전혀 상관없는 차량운행과 연관하여 띠를 회수하는 것은 바람직하지 않다.

상황 2. 차량운행 시간에 늦게 나올 때

권장 코칭언어

차량운행 시간에 늦게 나오는 경우
(차량운행 시간을 지키지 않고 자주 늦게 나온다.)

사범님 : 늦었네요? 몇 시에 출발하는 차였지요?

수련생 : 20분이요.

사범님 : 안내문에 나와 있는 것처럼 2분만 기다렸다가 그냥 출발해요. 몇 시에 출발한다고요?

수련생 : 20분이요.

사범님 : 내일부터는 정해진 시간에 나오도록 해요.

사범님 : (부모님에게 전화한다) ○○이가 차량 시간에 자주 늦네요. 도장의 차는 20분에 정시 출발할 수밖에 없습니다. 혹시 시간을 맞추시기 어려우시면 탑승시간을 변경해 볼까요?

부모님 : 죄송합니다. 시간 맞춰 보내도록 할게요.

◆ Coaching Tip ◆

- 차량 운행 시간은 꼭 지켜져야 한다. 약속된 시간을 어기게 되면 다른 승차자들이 불편을 겪게 된다.
- 차량운행을 규칙을 도장 내에 만들어 두어야 하고, 학부모와 승차자에게 반드시 안내해 주어야 한다. 처음 승차 때부터 철저하게 해야 다른 승차자에게 피해가 가지 않는다.
- 학부모와 승차자의 사정을 고려하여 차량운행 규칙을 변경할 경우 더 힘든 상황에 직면할 수 있다.

상황 2. 차량 운행시간에 늦게 나올 때

비권장 코칭언어

차량 운행 시간에 늦게 나오는 경우

사범님 : OO아! **너 때문에 다른 승차자들이 모두 피해를 보고 있잖아.** (비난하기)

사범님 : OO아! 왜 자꾸 늦게 나오냐? **짜증난다. 어휴. 느려 터져서. 빨리 좀 나와! 살 좀 빼고!** (빈정대기)

사범님 : 자꾸 이렇게 기다리게 할 거야! 이렇게 하면 안 되잖아! **한 번만 더 늦게 나오면 그냥 가버릴 거야!** (협박하기)

◆ Coaching Tip ◆

- 비난과 빈정대기는 자존감을 떨어뜨리게 한다. 특히 차량에 이미 탑승하고 있는 다른 수련생들이 있으면 그 수련생들로부터 놀림을 받을 수 있는 상황을 만들어 주기도 한다.
- 협박은 수련생의 심리를 압박하고 다시 늦을 수밖에 없거나 늦었을 때 두려움과 공포감으로 극단적 결정을 할 수 있다.

도장 규칙 사례

- 한 줄로 차량까지 이동하며 늦게 내리는 수련생이 앞에 서게 하여 먼저 뒷자리부터 앉게 지도합니다.
- 내린 수련생이 가는 것을 끝까지 보고 이동합니다.

(서울 성동구 경희대 효태권도장)

- 차량에 탑승했을 경우 의자에 등을 반드시 붙이고 앉아서 대기합니다.
- 차량이 완전히 정차하고 차문이 열리면 인사를 하면서 차량을 탑승합니다.
- 차량 하차 시 완전히 정차하면 매니저가 먼저 내려 수련생을 인도합니다.
- 안전에 신경을 쓰고, 수련생이 안전하게 귀가할 수 있도록 도움을 줍니다.

(전북 정읍 호림태권도장)

- 내리는 사람이 다 내린 후 차례를 지켜 차량에 타도록 합니다.
- 차량 안에서 큰소리 떠들거나 일어서지 않습니다.
- 차량에서 내린 후 두 발 뒤로 물러선 후 선탑선생님께 크게 인사를 합니다.
- 길을 건널 때는 횡단보도가 있는 곳에서 선탑선생님이 건너 올 때까지 기다립니다.
- 녹색 신호등이 깜빡거릴 때는 다음 신호가 바뀔 때까지 기다립니다.
- 신호가 바뀌면 좌우를 확인하고 뛰지 않고 손을 들고 걸어서 건넙니다.

(부산 사하구 강동체육관)

- 차량 탑승 전 순서대로 사범님의 말씀에 따라 앉습니다.
- 지정해준 자리를 이탈하지 않으며, 큰소리로 떠들거나 장난치지 않습니다.
- 차량 하차 시 사범님 직접 수련생의 하차를 지도합니다. 또한 서로 인사를 나누며, 수련생은 차량 출발 후 집으로 이동합니다.

(인천 남구 도담태권도장)

2부

코칭언어 관련 이론

자존감을 키우는
태권도 코칭언어

Proper Taekwondo Coaching Phrases

01

수련생 리더십

1. 성취목표 성향
2. 자기효능감
3. 자결성
4. 내적동기
5. 자기 존중감

1. 성취목표 성향

성취목표성향 이론은 크게 과제지향과 자아지향 두 가지로 구분할 수 있다. 과제지향은 태권도 동작을 수련하는 데 있어서 동작을 완벽하게 수행하거나 배움에 목적을 두고 있는 것을 말하며, 자아지향은 다른 사람과의 비교를 통해 우월감을 느끼는 것에 목표를 두는 것을 말한다.

과제지향적인 사람은 본인 자신의 노력, 능력 향상, 즐거움, 만족, 재미에 중점을 두고 자신의 발전을 목표로 하므로 수련에 대한 실패나 패배에 대한 부작용이 적다. 그러나 자아지향적 사람은 다른 사람과의 비교에서 자신이 뒤처진다고 느낄 시 쉽게 무너지는 경향을 나타낸다. 자아지향적인 성향이 강한 사람이 과제지향 또한 높다면 높은 자아지향적인 성향으로 인해 발생하는 부작용은 줄어들 수 있는 특징을 갖고 있다.

2. 자기효능감

자기효능감이란 일반적인 상황에서 성공 믿음을 의미하는 자신감과 달리 특정 상황에서 개인의 능력을 고려하여 과제를 성공적으로 달성할 수 있다는 특정 상황에 대한 자신감이라고 할 수 있다.

자기 효능감은 행동의 실천을 갖고 오며 자기효능감이 높아지면 행동에 대한 긍정적인 생각 또한 생겨나고 긍정적인 기분을 느끼게 된다. 이러한 긍정적인 인지와 정서적인 경험은 다시 자기효능감에 영향을 준다.

자기효능감 이론에서 '과거의 수행'이란 자기효능감을 결정하는 가장 중요한 요소로써 과거에 유사한 상황의 성취경험을 말한다. '간접경험'은 주변 다른 사람이 하는 행동을 관찰하는 것이라고 할 수 있다. '언어적 설득'은 자기효능감을 높이기 위해 사용하는 언어적, 비언어적 전략을 말한다. '신체와 정서 상태'는 자신의 상태를 어떻게 인식하고 받아들이는가를 말한다.

태권도 수련을 통해 긍정적인 정서(재미, 즐거움, 성취감)을 체험한 경우 자기효능감은 높아지지만, 부정적 정서(실망감, 당황스러움)를 느낀 경우 자기효능감에 부정적인 영향을 미치는 것과 같이 개인의 감정 또한 자기효능감에 영향을 준다(그림 1 참조).

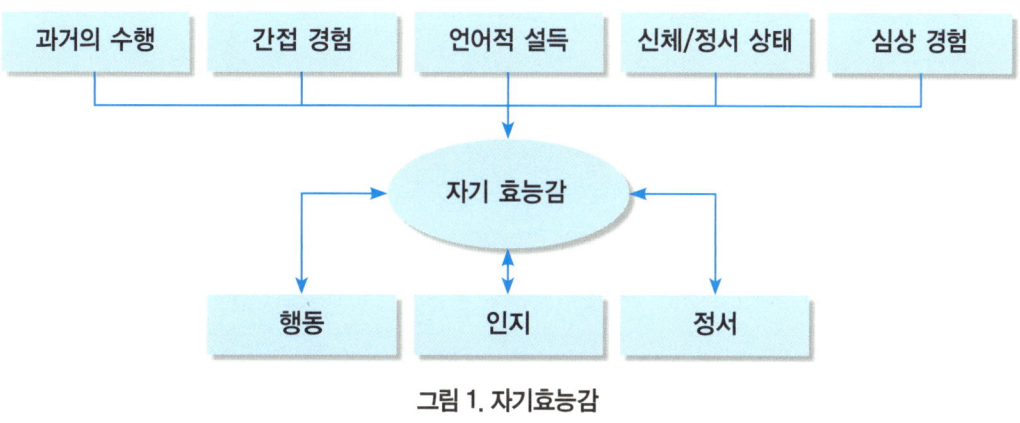

그림 1. 자기효능감

3. 자결성

자결성 이론은 누구나 '자결성(자율성, 독립적 행동)의 욕구가 있으며, 유능감을 보여주려는 욕구가 있고 관계성(대인관계)의 욕구가 있다.' 라는 3가지 전제를 가지고 있다.

사람들은 유능성과 자율성에 대한 필요만큼 사회적 관계성이나 유대감, 소속감이 필요하다. 자신에게 필요한 부분을 충족시키기 위한 동기화를 통한 자기결정 행동은 달라질 수 있다. 수련생이 의무감이나 외적인 부분에 의해 움직이는 것이 아니라,

자신이 태권도에 대해 성취감을 느끼고 감각적으로 즐거움을 느낄 수 있도록 하기 위해 자결성 이론을 활용하여 지도상황에 접목하는 것은 매우 중요하다.

그림 2. 자결성

4. 내적동기

자결성 이론에서 동기는 크게 무동기, 외적동기, 내적동기 3가지로 나눌 수 있다. 그 중 내적동기 이론에 의하면 사람은 누구나 유능성과 자율성을 느끼고자 스스로 내적동기화되려는 경향이 있고, 내적동기화는 자신이 스스로 유능감을 느끼며 자신의 의지에 따라 도전할 수 있는, 즉 스스로 선택한 흥미로운 과제에 참여하고자 할 때 나타난다.

① 무동기 : 동기가 전혀 없는 상태. 행동에 대한 의도나 규제 또는 자기 결정이 부족한 상태
② 외적동기 : 내적동기와 무동기 사이에 위치. 외적 보상이나 처벌 때문에 행동이 통제되는 상태
③ 내적동기 : 행동 그 자체가 좋거나 내적 만족 때문에 행동을 하는 상태

태권도 수련 상황에서 스스로 동기부여가 된다는 점은 아주 중요한 덕목 중 하나라고 할 수 있다. 수련생들 스스로 태권도를 배우고 싶어 하게끔 만든다면

수련시간의 효율성과 효과가 훨씬 높아질 것으로 예상할 수 있다. 따라서 수련 지도 시 코칭언어를 선택함에 있어서 수련생들이 태권도에 흥미를 느끼고 직접 참여해 보고 싶어 하도록 하는 것이 중요하다.

6. 자기 존중감

자기존중감이란 행복한 삶을 살아가는 데 있어서 매우 중요한 역할을 하는 자신의 생각을 의미한다. 자기존중감이 높으면 독립심이 강하고 리더십을 발휘할 수 있으며, 적응력도 우수하고 스트레스에 대한 저항력도 강하다(Wylie, 1989). 또한, 학업성취도, 직무 수행력, 대인관계 등도 더욱 긍정적인 모습을 보인다. 반면, 자기 존중감이 낮으면 우울증이나 불안, 공포 등을 겪을 가능성이 높으며 자신감이 떨어지는 경향을 보인다.

자기 존중감은 자신에 대해 스스로 어떻게 인식하는지를 의미하는 자기 개념과 밀접한 관계가 있다. 그러나 특성 상황이나 활동의 성공에 대한 자신의 판단인 자신감, 구체적인 과제를 성공적으로 수행할 수 있다는 생각인 자기효능감과는 개념적으로 차이가 있다.

태권도 사범님들은 수련 상황에서 수련생들의 자기존중감에 부정적인 영향을 미칠 수 있는 언어 사용을 피해야 한다. 자기존중감을 높이는 방법들에는 수련생이 성공적인 수행을 해냈을 때는 즉각적이고 긍정적인 칭찬과 격려를 해주고, 실수나 잘못을 한 상황에서는 질타와 처벌보다는 격려와 구체적인 피드백을 해 주는 방법 등이 있다.

자존감을 키우는
태권도 코칭언어

Proper Taekwondo Coaching Phrases

02 지도자 리더십

6. 팀 빌딩과 응집력
7. 랭동조성(쉐이핑) 기법
8. 피드백
9. CET 모델
10. TARGET(동기유발 전략)
11. 강화와 처벌

6. 팀 빌딩과 응집력

팀 빌딩이란 집단의 효과성을 높이고, 구성원의 요구를 만족하게 하거나 작업조건을 향상하기 위해 집단을 도와주는 방법이며, 과제와 사회적인 측면의 목적달성을 위해 팀을 향상하는 것이라고 할 수 있다(Brawley & Paskevich, 1997; Carron, Hausenblas, & Eys, 2005.).

응집력이란 한 집단이 집단의 수단적 목적 또는 구성원의 정의적 요구를 성취하기 위해 서로 뭉치고 단합하는 경향에서 나타나는 역동적 과정으로 환경 요인, 개인 요인, 리더십 요인, 팀 요인이 응집력에 영향을 주게 된다(Carron, Brawley & Widmeyer, 1998).

태권도 수련상황에서 응집력이 높아지게 되면 수련생은 자신이 다니는 태권도장에 대한 애착이 강해지게 될 수 있다. 높아진 팀 응집력은 수련생의 수련행동과도 연결되어 효과적인 수행의 성과를 갖고 올 수 있게 된다. 즉 팀 빌딩과 팀 응집력 이론에 근거하여 수련생들을 지도할 경우 수련생에게 타인과의 협동, 상호작용의 중요성을 인식시켜주고, 나아가 대인관계, 사회적 책임과 역할에 대해서 알 수 있게끔 도와줄 수 있을 것이다. 팀 빌딩 중재전략 사례는 다음의 〈표 2〉와 같다.

표 2. 팀 빌딩 중재전략 사례

요인		중재전략 사례
독특성	스포츠	- 팀 셔츠나 로고, 모토 등을 정하여 팀에 독특한 정체성을 부여하기
	운동	- 반 이름 갖기, 반 티셔츠 만들기, 반 포스터나 슬로건 만들기
개인 위치	스포츠	- 팀 구조를 만들어 포지션과 역할에 대한 차이점을 확실히 하기
	운동	- 체력 수준에 다른 수영장 분할, 실력에 따라 동작 바꿔주기, 위치 선택권을 부여하기
집단 규범	스포츠	- 집단의 기준이 팀 수행이나 팀 응집력에 얼마나 효과적인지 선수 개개인에게 보여주기. 규범 지킨 선수에게 보상, 규범 어긴 선수에게 벌칙 주기
	운동	- 구성원 상호 간 자기소개, 파트너 역할 해주기, 팀 목표 설정하기

요인		중재전략 사례
개인적 헌신	스포츠	– 중요한 팀 구성원에게 팀을 위해 헌신하도록 격려하기(예를 들어 초보 선수에게 기회를 부여하기 위해 베테랑 선수에게 양보를 권유하기)
	운동	– 2~3인이 그 날의 목표 설정하기, 신입 회원 도와주기
상호작용과 의사소통	스포츠	– 선수들 상호 간에 신뢰와 존중하는 환경을 조성하여 선수들이 편안하게 의사소통하기. 동료 선수의 요약 시트를 만들어 서로 알기 등
	운동	– 서로 소개하고 파트너와 함께 운동하기, 옆 사람에게 자신을 소개하기, 5명 정도가 한 조가 되어 운동하기

7. 행동조성(쉐이핑) 기법

쉐이핑 기법은 긍정적 피드백을 이용해서 수련생의 잘못된 동작을 정확하게 고쳐나가는 행동수정 기법이다. 즉, 기술을 쉬운 것에서부터 어려운 것으로 구분한 후 점진적으로 각 단계를 학습하는 방법이다. 이때 사범님은 각각의 단계별로 수련생의 과제 달성에 대해 칭찬 등과 같은 긍정적인 피드백을 지속해서 제공한다.

쉐이핑기법이 성공하기 위해서 사범님은 수련생이 목표 행동에 점진적으로 도달할 때 지속해서 보상을 주어야 한다. 예를 들어 발차기 동작을 지도할 때 먼저 준비동작이 잘 되었을 때 칭찬을 해주고, 다음에 타점, 체중 이동, 시선, 전체 연결동작의 순으로 칭찬한다. 행동조성의 단계를 요약하면 다음과 같다.

① 바람직한 행동과 바람직하지 못한 행동을 정의하고 구체적으로 적는다.

② 바람직한 행동에 점차 근접하도록 동작을 여러 단계로 나눈다.

③ 바람직한 행동을 지도하고 바람직하지 못한 행동을 통제할 상황을 설정한다.

④ 주요 강화물과 처벌물을 찾아낸다.

⑤ 바람직한 행동에 점차 근접하도록 강화물과 처벌물을 적용한다.

⑥ 수행의 변화를 촉진하도록 시범이나 신체적 안내를 사용한다.
⑦ 바람직한 행동과 바람직하지 못한 행동의 빈도를 조사하여 효과를 확인한다.
   (필요한 경우 각 단계를 수정한다)

8. 피드백

피드백이란 어떤 목표 상태와 수행 간의 차이에 대한 정보를 제공하는 것이다. 최근 피드백의 개념은 단지 동작오류에만 국한된 것이 아니라 운동에 대한 감각정보의 유형이라는 일반적 의미로 사용되고 있다.

피드백에서 결과지식은 수행의 정확성 여부에 관한 정보를 제공하여 운동 기술 학습에 결정적인 역할을 한다. 수련 초기에는 수련생의 수행력을 향상하는 데 필요한 정보를 많이 제공하고 학습 후기단계에서는 결과지식의 빈도를 상대적으로 줄임으로 수련생 스스로 결과지식에 대한 정보를 탐색하게 하는 것이 효율적이다. 수련생에게 제공하는 피드백은 바람직한 반응이 나타난 직후가 가장 효과적이며 칭찬의 방법은 다음과 같다.

〈긍정적 칭찬의 관리〉
① 학습의 초기 단계에서는 자유롭게 칭찬한다.
② 현실적인 기대를 가지고 칭찬을 하는 데 있어서의 기준을 지속해서 준수한다.
③ 원하는 행동이 발생하였을 때는 즉시 칭찬한다.
④ 결과뿐만이 아니라 노력과 인내에도 칭찬한다.
⑤ 수련생이 정확하게 해야 할 것에 대한 이야기를 하면서 칭찬한다.
⑥ 수련에 방해되는 행동을 예방하는데 도움을 주는 규칙으로써 구도로 칭찬을

지속한다.
⑦ 수련생이 긍정적이고 개별화된 행동수정 목표를 설정하도록 도와준다. 수련생에게 개선점을 찾고 자기 강화의 과정을 자극하기 위해 서면, 통계적인 수련 피드백을 제공한다.

〈실수에 대한 반응〉
① 실수를 학습의 기회로 간주한다.
② 수련의 원칙을 강화하는 대신 무엇을 해야 했는지 수련생에게 질문한다.
③ 수련생이 실수를 정정하는 방법을 알고 있는 경우엔 격려해준다. 모를 경우 가르쳐준다.
④ 노력이 부족한 수련생을 통제할 때에 행동에 대한 비판은 자제한다.
⑤ 부정적인 처벌을 가능하면 피한다. 부정적 처벌은 수련생에게 실패에 대한 두려움을 만들고, 이는 수련생에게 나쁜 적으로 받아들여진다.

9. CET 모델

Coach Effectiveness Training(CET)은 유소년 스포츠 감독들에게 적합한 행동조정 프로그램을 만들기 위해 개발 된 것으로 CET 트레이닝을 받은 지도자들은 더 많은 강화와 격려를 사용하게 되고 수련생들은 지도자가 실력이 있다고 인식하며 팀 동료들 또한 더 좋아하게 되는 효과가 나타난다.

지도자의 긍정적 지지 행동들은 수련생들의 긍정적인 태도들을 이끌어낼 수 있다. 더불어 수련생은 수련 그 자체를 즐기게 되었고, 자기존중감이 증가되는 효과를 갖고 오게 된다. 유소년 태권도 지도자들에게 적합한 행동 조정 프로그램인 CET

가이드라인은 다음의 〈표 3〉과 같다.

표 3. CET 가이드라인

방법	특징
발달모델	긍정적인 발달 환경을 제공하는데 초점을 둔다. 교육과 격려를 결합한 코칭 행동을 통해 태권도를 즐기려는 자세에 긍정적인 영향을 끼친다.
긍정적 접근법	긍정적인 강화와 격려, 그리고 건전한 기술 지시를 자유롭게 사용하는 것을 말한다. 처벌적이거나 적대적인 대응들은 자제해야 한다. 효과적인 방법으로는 피드백 샌드위치가 있다.
상호 지원	수련생끼리 서로 돕는다는 상호 의무를 강조하는 기준을 세운다. 지도자가 상호 보완의 모범이 되고 팀원들의 단결을 촉진하는 강화 행동을 하여, 수련생들에게 "우리는 하나다."라는 기준을 쉽게 발전시킬 수 있게 된다.
수련생의 참여 유도	수련생들을 팀 내 결정에 참여시키는 것은 팀의 규칙과 책임에 순응하도록 만드는 데 효과적이며 이에 대한 비순응을 처벌하는 것보다 훨씬 효과적이다.
자기 관찰	지도자들은 행동적 피드백을 얻고 자각을 증가시키기 위해 가이드라인에 따른 자기 관찰을 권장한다.

10. TARGET(동기유발 전략)

　TARGET은 동기분위기를 과제 목표 지향을 기반으로 숙련분위기로 바꾸어 나가는 전략을 의미한다〈표 4〉. 숙련분위기는 지도자가 제공하는 훈련 분위기로서 개인의 성장과 노력에 대한 성취감을 중시하는 것으로 동기분위기를 숙련분위기로 바꾸는 방법은 다음과 같다.

① 수련 참가 이유를 이해한다.
　지도자는 관찰, 개인적 면담, 개방형 질문지 사용 등의 방법을 이용하여 참가자의 동기를 주기적으로 점검할 필요가 있다.

② 다양한 기회를 제공한다.
　겨루기를 좋아하는 수련생이 있는 반면, 품새나 기술연습을 원하는 수련생이 있듯이 경쟁을 좋아하는 사람이 있고, 반대로 그렇지 않은 사람도 존재한다. 따라서 지도자는 체계적인 훈련과 더불어 적절한 시기에 기분 전환을 위한 활동을 계획해야 참가자들의 동기를 높일 수 있다.

③ 지도자가 동기유발에 영향을 미친다.
　지도자는 자신의 행동이 수련생의 동기에 어떤 영향을 미치는지를 의식할 필요가 있다. 만약 심신의 컨디션이 좋지 않은 날이라면, 그 사실을 학생들에게 알려주고 지도자의 행동을 잘못 해석하지 않도록 해야 한다.

④ 귀인 유형을 파악하고 필요하면 바꾼다.
　바람직하지 못한 귀인 유형은 신속히 파악하고 이를 바꿀 필요가 있다. 특히 패배나 실패 후의 귀인으로 연습이나 노력 부족 등을 그 원인으로 인식시켜주면서 연습량과 노력 투입을 촉진해야 한다.

⑤ 귀인에 관한 바람직한 조언을 해준다.
　수련생에게 피드백을 어떻게 주느냐에 따라 성공과 실패에 대한 해석에 차이가 생기며 이는 미래의 동기에 큰 영향을 미친다.

⑥ 과제목표성향을 강조한다.
　행동을 바람직한 방향으로 이끄는데 가장 효과적인 방법의 하나는 과제목표성향을 갖는 것이다. 수련생들에게 남과 비교하기보다는 자신과의 비교를 통해서 자신의 능력을 평가하도록 이끌어야 한다.

표 4. TARGET 중재전략

목표 구조	전략
과제(Task): 수련생이 배우길 요청했거나 완료해야 할 행동들	- 개별적인 목표나 활동을 강조하는 다양한 과제를 제공한다. - 수련생의 목표설정을 도와준다. - 개인별 수준에 맞는 적정훈련 환경을 제공한다.
권위(Authority): 의사 결정 과정에 있어 참여 결정에 따른 종류 및 빈도	- 의사 결정 과정에 따른 수련생의 참여를 유도한다. - 리더 역할에 대한 기회를 부여한다. - 수련생에게 자기관리와 자기관찰기술을 가르쳐 자신 스스로 수행의 발전에 책임감을 가지게 한다.
인식(Recognition): 수련생에게 수행향상과 성취에 대한 동기부여 과정과 연습	- 지도자와 수련생의 수행향상에 집중하는 수련생 간에 사적인 회의를 한다. - 수련생의 진전, 노력, 향상에 대해 인식하게 한다. - 보상에 대한 기회는 동등하게 보장한다.
그룹화(Grouping): 수련이나 경기에서 힘을 합치거나 따로 플레이하는 수련생들을 분류	- 유동적이고 혼합적인 능력별 편성을 사용한다. - 다양한 편성을 제공한다. (즉, 개인, 소그룹 및 대그룹 활동). - 수련생의 문제 설정을 위한 협동을 강조한다.
평가(Evaluation): 수련생의 학습과 수행, 절차를 관찰하고 그에 대한 평가 준비.	- 개인 목표를 향한 노력, 향상, 지속에 기반을 둔 평가규준을 개발한다. - 수련생 스스로 자기 평가를 하게 한다. - 의미 있고 일관된 평가를 한다.
시기(Timing): 수련에 따른 타당한 시간부여	- 다음 단계로 나아가기 전에 충분한 시간을 제공한다. - 모든 수련생에게 동등한 시간을 제공한다. - 수련과 심사 또는 경기일정 설정에서 수련생들을 지원한다.

11. 강화와 처벌

수련생들의 행동을 변화시키기 위해 지도자들이 가장 많이 쓰고 있는 방법이 강화(reinforcement)와 처벌(punishment)이다. 처벌과 강화는 정적, 부적이 있으며 자극을 제공하는 정적인 방법과 자극을 제거하는 부적인 방법을 통해 강화와 처벌의 목적을 달성하는 것이다〈표 8〉.

수련생에게 처벌을 가할 시 지도자들의 감정이 개입되어 처벌의 사용을 이해하지 못하고 일시적인 기분에 의해 사용될 때 많은 문제점이 생길 수 있다. 처벌에 따른 부작용이나 역기능이 많으므로 명확한 처벌기준을 가지고 처벌의 부정적인 면을 바로잡고 긍정적인 면을 높여야 한다.

표 8. 강화와 처벌의 구분

사 례	구분
1) 수련을 할 때 실수를 많이 해서 팔굽혀 펴기를 계속 하도록 한다.	정적처벌
2) 수련생 전체가 분발한 결과로 수련 후에 해야 하는 개인 발차기를 안했다.	부적강화
3) 멋진 동작을 해내자 사범님이 '잘했다' 고 말한다.	정적강화
4) 수련의 규칙을 위반한 수련생을 수련시간 내내 구석에 앉혀 두었다.	부적처벌
5) 수련시간 중 가장 모범이 되는 수련생은 주장으로 임명한다.	정적강화
6) 수련생이 잘못하면 눈살을 찌푸리고, 잘하면 미소를 지어준다.	정적처벌, 정적강화

자존감을 키우는
태권도 코칭언어

Proper Taekwondo Coaching Phrases

03

수련생과 지도자의 의사소통

12. 나 전달법 I-Message
13. 감정코칭

12. 나 전달법 I-Message 기법

생각이 아닌 느낌을 '나' 전달법으로 하는 의사소통방법이다. 주어를 '나'로 하여 자신의 감정을 먼저 표현함으로써 '네가 잘못했잖아.'와 같은 너전달법 You-message의 관점을 변화시키는 데에 초점을 맞춘다. '너'를 주어로 하는 대화는 상대방을 비난하거나 잘못을 지적하는 말투가 되기 쉽지만 '나'를 주어로 하는 대화는 자신의 감정을 차분하면서 단호하게 전달하여 상대방이 더욱 경청할 수 있도록 만들어 준다. 〈표 5〉.

(1) 나-전달법 사용 방법

① 나 전달법의 3요소

첫째, 현재 상황에서 상대방의 자극이나 행동을 객관적으로 이야기한다. 둘째, 상대방의 행동이 자신에게 미칠 영향에 관해서 이야기한다. 셋째, 자신이 느끼는 감정이나 원하는 바를 구체적으로 이야기한다.

> 네가 _____ 하니까, _____ 해서, 나는 _____ 해
> (행동, 상황)   (영향, 결과)   (감정, 느낌)

② 나 전달법 사용 시 주의해야 할 점

첫째, 나 전달법은 폭발적인 감정과 부정적인 정서를 강조하지 않아야 한다. 둘째, 상대방을 평가하지 말아야 하며 상대방에게 교훈을 주는 데 열중하여 자신의 본심을 전달하는 기회를 놓치지 않는다. 셋째. 나 전달법은 규칙적이고 일관되게 사용한다.

넷째, ~라고 생각한다." 표현하여 부정적인 너-전달법을 살짝 가림으로써 내가 무엇을 생각하고 있는지를 가린다. 다섯째, 나-전달법 사용 후 다시 수용적 태도(경청)로 돌아온다.

표 5. 나 전달법과 너 전달법

구분	나-전달법	너-전달법
표현	- 네가 아무 연락이 없어서 나는 매우 섭섭하고 걱정이 됐어.	- 넌 왜 매번 그 모양이니?
보기	- 상황-결과-느낌	- 비꼬기, 지시, 교화, 비판, 평가, 경고
나의 내면	- 걱정, 섭섭함	- 비난, 야유
상대의 해석	- 나를 걱정했구나. - 연락을 안 해줘서 섭섭했구나.	- 나의 사정은 전혀 생각해주지 않는구나. - 나를 나쁜 사람으로 보고 있구나.
개념	- "나"를 주어로 하는 진술	- "너"가 주어가 되거나 생략된 진술
효과	- 느낌의 책임을 자신에게 돌린다. - 상대방에 대한 부정적 평가를 하지 않기 때문에 방어나 부작용이 일어날 가능성이 적다. - 관계를 저해하지 않는다. - 상대방으로 하여금 자성적인 태도와 변화하려는 의지를 높일 가능성이 높다. - 상대방에게 나의 입장과 감정을 전달함으로써 상호이해를 도울 수 있다. - 상대방은 나의 느낌을 수용하고 자발적으로 자신의 문제를 해결하고자 하는 의도를 지니게 된다.	- 죄의식을 갖게 하거나 자존심을 상하게 한다. - 배려받지 못하고 무시당한다는 생각을 하기 쉽다. - 반항심, 공격성, 방어를 일으켜 자성적인 태도가 형성되기 어렵고 행동 변화를 거부하도록 한다. - 상대방에게 문제가 있다고 표현함으로써 상호관계를 파괴한다. - 상대방에게 일방적으로 강요, 공격, 비난하는 느낌을 전달하게 된다. - 상대방이 변명하려 하거나 반감, 저항, 공격성을 보이게 된다.

13. 감정코칭

감정코칭이란 감정과 코치가 합성된 말로 성장과정 속에 부모와 자녀, 그리고 인관관계에서 겪는 행동이나 감정을 바람직한 방향으로 유도하여 효과적으로 적용할 수 있도록 하는 대화법이라 할 수 있다(Gottman & 최성애, 2011).

감정코칭을 받은 아이들은 학업성적, 육체적 건강, 정서적 행복, 사회적응력이 모두 우월하였고, 스트레스 호르몬 수치도 더 낮았으며, 전염성 질환에 면역력이 높은 것으로 알려져 있다(Gottman & 남은영, 2007). 반대로 감정에 대해서 존중과 공감을 받지 못한 아이들은 정서, 행적, 관계 측면에서 감정이 억압된 경우에 충동성과 우울감이 높은 것으로 알려졌다(Gottman & 최성애, 2011)〈표 6〉.

표 6. 감정코칭 대화유형

구분	대화유형	대화의 예	설명
관계를 망치는 대화	비난	"너는 왜 맨날 그 모양이야"	특정한 일에 대한 불만이 아니라 상대방의 성품이나 성격에 문제가 있는 것으로 몰아가는 대화
	경멸	"네가 정신이 있니"	못난 사람 취급하며, 조롱, 비웃음으로 강하게 상대방을 기분을 나쁘게 만듦
	멀어지는 대화	"너한테 물어본거 아니거든"	화제를 바꾸거나 대꾸하지 않는 것
	방어	"다 너 잘되라고 그러는 거야"	부모가 아이를 비난하고 아이는 방어함
	마음의 문을 닫는 대화	"네가 그랬지"	상대방의 이야기를 듣지 않고 단정 지어 말하는 것
	죄책감과 불안감 조장	"너 때문이야" "그렇게 울면 갖다 버릴 거야"	아이가 가지는 원초적인 감정들을 자극하는 대화
	명령, 훈계	"당장 그만둬", "빨리해"	아이를 온전한 인격체로 인정하지 않기 때문에 할 수 있는 대화
서로 다가가는 좋은 대화	경청	"아 그렇구나."	상대방의 이야기를 듣고 있다는 느낌을 줌
	수용	"많이 힘들었겠구나."	아이의 감정을 알아주는 것
	속마음 이해		아이의 한 말보다 마음을 이해함

- 감정코칭 5단계

감정코칭을 100% 사용하는 지도자는 없으며, 모든 상황에서 감정을 코칭하는 방법을 사용하는 사람도 없다. 감정코칭의 5단계는 지도자와 수련생의 관계 속에서 일반적으로 사용하는 단계이다. 감정코칭은 반드시 순차적으로 일어나는 것이 아니며, 감정의 강도와 상황 그리고 지도자의 감정코칭 능력에 따라 달라질 수 있다〈표 7〉.

표 7. 감정코칭 5단계

단계	내용	감정코칭 방법
1	감정 인식하기	- 감정인식은 수련생이 어떤 감정을 느끼고 있는지 알아차리는 것이며 그 아이가 감정에 대해 배우도록 도와주는 첫 단계 - 작은 감정을 보일 때 재빨리 알아차려서 행동 속의 숨은 감정에 주목하기
2	감정적 순간을 좋은 기회로 삼기	- 감정을 보이는 순간에 감정코치 시작하기 - 부정적인 감정을 표출할 때를 공감대와 친밀감을 형성하여 감정을 다스리는 법을 가르칠 수 있는 기회로 삼기
3	감정 공감하고 경청하기	- 긍정적 감정, 부정적 감정 모두 공감해주기 - 왜? 대신 '무엇과 어떻게'로 접근하기 - 자신의 감정을 이해할 수 있도록 돕기 위해서 간단한 문장으로 감정을 표현할 수 있도록 도와주는 것
4	감정표현 돕기	- 감정에 이름 붙여주기 - 수련생 스스로 자기감정을 표현할 수 있도록 돕기 - 감정표현 돕기는 수련생이 자신의 감정을 스스로 표현할 수 있도록 도와주는 것
5	스스로 문제 해결할 수 있도록 하기	- 수련생이 스스로 문제를 해결하도록 이끌면서 가장 중요한 그 행동에 한계를 정해주고 목표를 확인하고 해결책을 찾아 검토하고 스스로 해결책선택 하도록 돕는 것

자존감을 키우는
태권도 코칭언어

Proper Taekwondo Coaching Phrases

부록

수련생
도장 생활규칙
사례

부산 사하구 강동체육관 수련생 도장 생활 규칙 사례

I. 인사하기

1. 도장 출입 인사는 어떻게 해야 하는지 규칙을 정합니다.
- 들어오기 : "오늘도 즐겁게, ○○○, 안녕하십니까."
- 나가기 : "안녕히 계십시오. 즐거운 사람, ○○○입니다."
- 도장에 와서 바로 할 일에 대해서 알려줍니다.
  · 국기에 대한 경례
  · 웃으며 인사하기(사범님, 관원생)
  · 신발장에 신발 넣기
  · 출석카드 뽑기
  · 손씻기
  · 도복 갈아입기

2. 사무실 들어오기 전에 어떤 행동을 해야 하는지 규칙을 정합니다.
- 들어오기 전에 허락을 받도록 합니다.
ex1) 사범님, 들어가도 되겠습니까?
- 들어오면 먼저 인사를 합니다.
ex2) 사범님, 안녕하십니까.
- 손님이 계실 때, 통화 중일 때, 질문은 잠시 뒤에 합니다.

3. 손님이 오셨을 때는 어떻게 해야 하는지 알려줍니다.
- 웃으며, 인사를 합니다.
- 사무실로 안내합니다.
- 손님 신발을 신발장에 넣습니다.

4. 새 수련생가 왔을 때는 어떻게 해야 하는지 알려줍니다.
- 눈 마주치며 웃어주도록 합니다.
- 먼저 다가가서 도와줍니다.
- 혼자 있지 않도록 배려합니다.

II. 수련준비

1. 수련 시간 전
- 수련시간 5분전에 명상 및 수련 준비를 합니다.
- 수련시간 5분전에 화장실을 미리 다녀오고, 물도 미리 먹습니다.
- 아플 때에는 미리 이야기합니다.

2. 수련 중
- 수련 중에는 무조건 허락을 받고 행동합니다.
- 수련 중 도복 정리는 뒤돌아서 합니다.
- 호명하면, "네, ~급 ○○○입니다."와 같이 인사합니다.
- 사범님 말씀에 집중합니다.

3. 수련 시간 후
- 차량을 이용하는 수련생이 먼저 정리합니다.
- 도보자는 차례를 기다려 정리합니다.
- 도복은 개어서 사범님께 검사 받습니다.

- 자기 사물함은 항상 정리정돈 합니다.

Ⅲ. 기타

1. 정수기 사용은?
- 한 줄로 서서 사용합니다.
- 물을 받을 때는 조심히 흘리지 않습니다.
- 한 컵을 마시고 더 마시고 싶으면 다시 맨 뒤로 갑니다.
- 사용한 컵은 쓰레기통에 버립니다.

2. 화장실 사용은?
- 수련 중에는 사범님께 물어보고 갑니다.
- 쉬는 시간에는 자유롭게 갑니다.
- 이용 후에 꼭 손을 씻습니다.
- 나올 때 슬리퍼를 가지런하게 놓습니다.

3. 쓰레기통 사용법?
- 분리수거 통에 분리하여 버립니다.
ex) 파랑 : 종이 / 핑크 : 비닐 / 노랑 : 플라스틱 / 초록 : 유리, 캔 /
    파란 둥근 통 :일반 쓰레기

4. 탈의실에서는?
- 들어가기 전에 노크를 합니다.
- 장난, 잡담은 하지 않습니다.
- 빠르게 도복을 갈아입습니다.
- 가방, 옷은 정돈하여 사물함에 넣습니다.
- 도복은 밖에서 개도록 합니다.

5. 차량 탑승은?
- 차량으로 가기 전, 계단에 순서대로 줄을 섭니다.
- 절대로 뛰지 않고, 안전손잡이를 잡고 있습니다.
- 선탑 선생님 말씀을 잘 듣습니다.
- 차 안에서는 무조건 조용히 합니다.
- 차 안에 쓰레기를 버리지 않습니다.
- 타고 내릴 때 뒤로 한발 물러나 인사합니다.
예) 선생님 감사합니다. 어머님 다녀왔습니다.

6. 존댓말 사용
- 관장님, 사범님, 선탑 선생님께는 존댓말을 사용합니다.
ex) 안녕하십니까?/ 사범님 줄넘기해도 됩니까?/ 이쪽으로 조금만 당겨 주십시오.

7. 도장 내부 사용법?
- 도장 용품은 허락받고 사용합니다.
- 용품 사용 후에는 제자리에 놓습니다.
- 거울에 기대지 않습니다.
- 벽에 매달리기 않습니다.

8. 쉬는 시간에는?
- 싸우거나 울면 수련생 전체의 동작을 그만두게 하고 사범 지시 전까지 정좌합니다.
- 서로 배려하고, 도와주며, 나누어 먹습니다.

부산 사하구 강동체육관 수련생 도장 생활 규칙 사례

1. 강동 수련생은 부모님과 웃어른께 반드시 존댓말을 사용해야 합니다.
ex) "배가 고파요.", "부모님, 사랑해요."

2. 부모님이 부르시면 하던 일을 멈추고 대답을 하고, 앞으로 가서 공손한 자세를 취합니다.
ex) "네, 어머니."

3. 도장에 오고/갈 때는 반드시 부모님께 인사합니다.
ex) "다녀오겠습니다.", "다녀왔습니다."

4. 부모님과 식사하기 전 수저를 먼저 들지 않습니다. 먼저 먹거나 자리를 일어서야 할 때는 부모님께 양해를 구합니다.
ex) "식사 하세요.", "먼저 일어나도 되겠습니까?"

서울 성동구 경희대 효태권도장 수련생 도장 생활 규칙 사례

1. 도장에 들어오면 먼저 국기에 대한 경례를 실시하고, 관장님, 사범님께 인사하고, 선·후배·동료들에게 먼저 반갑게 인사를 합니다.
   - 양손은 배에 공손하게 두고 인사합니다.
   - 인사를 한 후 공손하게 허리를 숙여 속으로 1,2,3 세고 허리를 핍니다.

2. 운동 시작 전에 몸가짐을 바르게 합니다.(도복정리, 띠 묶기, 머리 묶기)
3. 서로 모르는 것을 친절하게 알려줍니다.
4. 서로 놀리거나 싸우지 않습니다.
5. '할 수 없다.'는 말 대신에 '어렵습니다. 도와주십시오.' 라고 말합니다.
6. 수련이 힘들어도 참고 견뎌내고, 꾸준히 노력하여 체력을 기릅니다.
7. 자신의 물건은 스스로 잘 챙깁니다(양말, 가방, 도장안내문 등).
8. 수련시간을 지킵니다(지각하지 않기, 화장실은 쉬는 시간에 가기).
9. 자신이 잘못한 일은 먼저 사과하고 용서를 구합니다.
10. 서로 간에 존댓말을 사용합니다.
11. 흐트러진 물건을 정리합니다(신발장, 가방, 미트, 콘, 사각매트, 줄넘기 등).
12. 도장의 물건을 소중히 다룹니다(보호매트 잡아 뜯지 않기 등).
13. 껌은 휴지에 싸서 버립니다.
14. 스스로 도복을 예쁘게 접어 개어놓습니다.
15. 띠를 목에 매고 다니지 않습니다.
16. 태극기를 등지고 옷을 가다듬습니다.
17. 도장에서 나눠주는 음식 말고는 도장에서 음식물을 먹지 않습니다.
18. 고자질을 하지 않습니다. 서로 남의 탓을 하지 않습니다.
19. 누군가에게 도움을 청할 때에는 공손하게 합니다.
20. 수련시간 중간에는 하고 싶은 말을 참고, 수련 후에 물어봅니다.

21. 사무실에 출입할 때에는 허락을 맡습니다.
22. 사무실 출입 시 관장님 또는 사범님이 통화를 할 때에는 조용히 기다렸다가 용건을 말합니다.
23. 전화기 사용 시 허락을 맡습니다.
24. 충고에 대해서는 감사한 마음을 갖고 고치려고 노력합니다.
25. 자신만의 목표를 갖고 수련에 임합니다.
26. 타인과 나를 비교하지 않습니다.
27. 서로간의 실수를 감싸준다. 격려해 주고, 용기를 줍니다.
28. 쉬는 시간에는 배운 것을 연습하고, 그렇지 않으면 앉아서 다른 사람을 방해하지 않습니다.
29. 선배는 후배를 아끼고 위협하지 않습니다.
30. 후배는 선배를 믿고 따릅니다.
31. 올바른 행동이 아니면 하지 않습니다.
32. 수련시간에 늦거나 결석을 하게 되면 태권도장에 미리 연락을 합니다.
33. 수련 중간에 도장에 들어오게 되면 조용히 하여 수련생들에게 피해를 주지 않습니다.
34. 도장 내의 물건을 함부로 건드리지 않습니다. (줄넘기 제외, 특히 사무실)
35. 지도자나 선·후배에게 물건을 받을 때에는 두 손으로 받습니다.
36. 주운 물건은 관장님이나 사범님께 알려드립니다.
37. 항상 배우려는 자세를 잃지 않습니다.

전북 정읍 호림태권도장 수련생 도장 생활 규칙 사례

1. 수련장에 출입 시 먼저 사범님을 찾아 인사를 합니다.
2. 수련장에서 절대 누워있지 않습니다.
3. 태권도복은 반드시 착용하며 단정하게 착용합니다.
4. 수련 중 도복을 정리 시 반드시 뒤로 돌아서 옷을 정리합니다.
5. 수련 시 선배가 앞줄에 서서 후배들에게 모범을 보여 줍니다.
6. 수련 중 절대 사범님 앞에서 잡담을 하지 않습니다.
7. 도장 내에서는 반드시 높임말을 사용 합니다.
8. 수련 중 자리를 떠야 할 경우, 반드시 사범님의 허락을 받습니다.
9. 수련 중에 벽에 기대거나 눕지 않습니다.
10. 약한 친구나 동생에게 함부로 대하지 않습니다.
11. 욕을 하지 않습니다.
12. 본 운동전 반드시 자율운동을 합니다.
13. 인사를 바르게 합니다.
14. 자기물건을 잘 챙깁니다.
15. 항상 거짓되지 않게 행동합니다.

인천 남구 도담태권도장 수련생 도장 생활 규칙 사례

1. 태권도장 등원 시 먼저 관장님이나 사범님께 인사합니다.
2. 수련 시 복장은 태권도복을 입으며, 착용 시 단정하고 바르게 착용합니다.
3. 수련시작 5분전에는 수련준비(화장실 다녀오기, 물마시기 등)를 합니다.
4. 관장님이나 사범님이 수련내용을 명상 시간을 통해 오늘 배워야 될 내용에 대해 미리 생각하고 자신의 목표를 정합니다(금일 수련 목표를 시작 전에 지도자가 묻습니다).
5. 수련할 자신의 자리는 띠의 순서에 맞게 서며, 복장이 갖춰지지 않으며 뒤로 가서 섭니다.
6. 관장님이나 사범님이 이름을 부르면, "0품(0급) OOO입니다."라고 말합니다.
7. 관장님이나 사범님이 "집중"이라고 말하면 모든 수련생은 동작을 멈추고 지도자를 바라봅니다.
8. 수련 시 급한 용무 있을시 허락을 받고 행동합니다.
9. 도복정리는 뒤돌아서 합니다.
10. 도장 내에는 속어, 비속어, 말줄임말을 사용하지 않으며 바르게 말합니다.
11. 수련이 끝나면 도복은 스스로가 정리를 하며, 자신의 사물함에 직접 넣습니다.
12. 하원준비를 위해 차례대로 줄을 서며, 뛰지 않고 내려갑니다.
13. 도장 내에서는 핸드폰으로 게임을 하지 않으며, 통화의 목적으로만 사용합니다.
14. 관장님, 사범님, 선생님, 그리고 부모님에게 존댓말을 사용합니다.
15. 지도자의 물음에 수련생은 대답합니다. "제가 ~ 입니다" "저입니다"
    : 지도자는 긍정적인 언어를 사용하며, 긍정적으로 대답할 수 있도록 유도합니다.
    예) .최선의 노력을 해서 최고가 될 수 있는 사람은 누구입니까?
        .부모님께 감사하고 효도해야 하는 사람은 누구입니까...?
        .후배들에게 가르쳐줘야 할 사람은 누구입니까...?
        .관장님이나 사범님이 제일 믿는 사람이 누구일까요...?
        .끝까지 참고 이겨낼 수 있는 사람은 누구입니까...?
16. 수련 중 타인과의 실력 비교를 통해 실력을 향상시키는 것이 아니라 자신만의 목표를 통해 수련을 합니다.
17. 한 달에 한 번씩 관장님과 사범님과의 상담을 통해 목표를 설정합니다(구체적인

목표, 실현가능한 목표, 장기적인 목표 : 1년, 단기목표 : 1달을 정합니다).
18. 결과가 아닌 과정에 집중합니다(수련 중 남을 이기기 위해 하는 것이 아니라, 자신의 수련을 통해 심리적으로는 즐겁고, 신체적으로는 건강하고 바른 신체를 만들기 위해 합니다).
19. 숙련분위기(즐거움)를 통해 스스로 만족하고 노력이 곧 성공이라는 믿음을 갖습니다.
20. 협동수련을 통해 타인을 이해하며, 스스로 할 수 있는 일을 생각하고 찾습니다.
21. 도장 생활시 문제가 발생할 경우 관장님이나 사범님께 현 문제에 대해 이야기하며 서로 해결할 수 있도록 노력합니다.
22. 어린 동생이나 하급자가 잘 모르는 것에 대해 상급자는 친절하게 알려줍니다.
23. 도장의 물품은 허락을 받고 사용하며, 사용 후 제자리에 놓습니다.
24. 도담 수련생은 항상 부모님께 문안인사(자기 전에)를 실천합니다.
25. 도담 수련생은 항상 밝은 모습으로 상대방을 배려하며, 이해합니다.

참고문헌

곽동언(2011). **365일 행복한 상상**. 서울: 나무한그루

김대훈(2011. 10. 6). 한 번의 홈런이 두 번의 2루타보다 나아"… 스티브 잡스가 남긴 명언들. **노컷뉴스**. Retrieved from http://www.nocutnews.co.kr/news/881233

김병준(2014). **강심장 트레이닝**. 서울: 중앙북스.

김종석(2011). **삶을 역전시키는 창의성 유머**. 고양: 모아북스

눈높이대백과(2008). **Rice요법**. Retrived from http://newdle.noonnoppi.com/xmlView.aspx?xmldid=72520.

대한태권도협회, 김병준, 임태희, 정문자, 최중구, 이지훈, 이종천(2013). **태권도 인성교육**. 서울: 애니빅.

류재호(연출)(2007). **동기없는 아이는 없다**[EBS 다큐프라임]. 안태근[책임프로듀서]. 서울: EBS.

마이클 레빈(2006). **깨진 유리창 법칙: 사소하지만 치명적인 비즈니스의 허점**. 서울: 흐름출판사.

조미나, 한철환(2012). **세상 모든 CEO가 묻고 싶은 질문들:무엇이 최고의 리더를 만드는가**. 고양: 위즈덤하우스.

조영탁(2006. 10. 4). **경쟁자보다 더 빨리 실수하기**. [인터넷블로그]. Retrieved from http://www.happyceo.co.kr/Contents/View.aspx?from= Calendar&Num=775&sYear=2009&sMonth=7

Gottman J.M. & 남은영 (2007). **내 아이를 위한 사랑의 기술: 감정코치**. 서울: 한국경제신문사.

후니훈(2015. 5. 9). **내가 제일 좋아하는 선수 마이클조던의 명언**. [인터넷블로그]. Retrieved from http://blog.naver.com/crisis06/220354456069.

Gottman. J.M. & 최성애, 조벽 (2011). **내 아이를 위한 감정코칭**. 서울: 한국경제신문사.

American Heart Association(2010). **심폐소생술 및 심혈관 응급처치에 관한 2010 주요내용**. Retrived from http://www.heart.org/idc/groups/heart-public/@wcm/@ecc/documents/downloadable/ucm_317341.pdf.

한호택, 전성철, 최철규(2011). **위기관리 10계명: 위기를 기회로 바꾸는 기업 이미지 구축의 기술**. 서울: 웅진윙스.

American Heart Association(2010). **심폐소생술 및 심혈관 응급처치에 관한 2010 주요내용**. Retrived from http://www.heart.org/idc/groups/heart-public/@wcm/@ecc/documents/downloadable/ucm_317341.pdf.

Brawley, L. R., & Paskevich, D. M. (1997). Conducting team building research in the context of sport and exercise. *Journal of Applied Sport Psychology, 9*(1), 11-40.

Carron, A. V., Brawley, L. R., & Widmeyer, W. N. (1998). The measurement of cohesiveness in sport groups. *Advances in sport and exercise psychology measurement,* 213-226.

Carron, A. V., Hausenblas, H. A., & Eys, M. A. (2005). *Group dynamics in sport*(3rd ed.). Morgantown. WV: Fitness Information Technology.

Wylie, R. C. (1989). *Measures of self-concept*. Lincoln, NE: University of Nebraska Press.

수련생 도장 생활규칙 사례 제공 협력도장

경남 창원 우림태권도장	인천 남구 도담태권도장
부산 사하구 강동체육관	전북 익산 송암태권도
서울 성동구 경희대 효태권도장	전북 정읍 호림태권도장

저자약력

정문자
동신대학교 석사(상담심리학)
조선대학교 박사수료(스포츠심리학)
참성장태권도 성장심리코칭센터 관장(1996-현재)
동신대학교 상담심리학과 강사(전)
대한태권도협회 지도자교육 강사(2007 - 현재)
저서: KTA 태권도 인성교육, KTA 태권도인성 워크북
공동연구: KTA 태권도인성교육매뉴얼 개발

최중구
중앙대학교 박사수료(스포츠심리학)
가천대학교 평생교육원 태권도전공 지도교수
대한태권도협회 연구분과 위원장
대한태권도협회 전국지도자교육 강사(2008년 - 현재)
상도태권도 인성코칭센터(1관-4관) 총관장
저서: KTA 태권도 인성교육, KTA 태권도인성 워크북
공동연구: KTA 태권도인성교육매뉴얼 개발, WTA 청소년 태권도인성교육개발 등

김병준
서울대학교 체육교육과 졸업
미국노스캐롤라이나대학교 박사(스포츠심리학)
인하대학교 체육교육과 교수
최근 저서: 강심장 트레이닝, KTA 태권도 인성교육

김윤희
서울대학교 체육교육과 박사(스포츠교육학)
순천향대학교 교육대학원 교수
개정 체육과 교육과정 개발진
공동연구: 스포츠영역 창의 · 인성수업모델 개발
WTA 태권도인성교육 교육과정 및 교수학습 자료 개발

이종천
경희대학교 태권도학과 졸업 및 체육과학대학원 석사
상지대학교 대학원 박사
상지대학교 겸임교수
WTA표준수련지침서 자문위원
대한태권도협회 기획부 도장지원 책임연구원

자문 최명선
아동청소년 상담센터 맑음 소장
맑음 부설 아동청소년심리치료연구소 소장
전 동신대학교 교수

저서:
마음 맑음 시리즈 7권
아동상담 처음부터 끝까지
꿈을 찾으면 내 직업이 보인다
놀이치료-아동중심적접근
청소년놀이치료
논문의 저술에서 출판까지
인간관계론/인성함양/리더쉽계발/청소년복지론 등 다수

자존감을 키우는
태권도 코칭언어

Proper Taekwondo Coaching Phrases